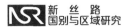 新 丝 路
国别与区域研究

U0501194

斯拉夫国家
民族教育政策研究

崔英锦　季艳福　　编著

外语教学与研究出版社
北京

图书在版编目（CIP）数据

斯拉夫国家民族教育政策研究 / 崔英锦，季艳福编著. —— 北京：外语教学与研究出版社，2022.6
（新丝路国别与区域研究）
ISBN 978-7-5213-3830-0

Ⅰ．①斯… Ⅱ．①崔… ②季… Ⅲ．①斯拉夫语－国家－教育政策－研究
Ⅳ．①G55

中国版本图书馆 CIP 数据核字 (2022) 第 142315 号

出 版 人　王　芳
责任编辑　刘　荣
责任校对　于　辉
装帧设计　范晔文
出版发行　外语教学与研究出版社
社　　址　北京市西三环北路 19 号（100089）
网　　址　http://www.fltrp.com
印　　刷　北京盛通印刷股份有限公司
开　　本　710×1000　1/16
印　　张　14
版　　次　2022 年 8 月第 1 版 2022 年 8 月第 1 次印刷
书　　号　ISBN 978-7-5213-3830-0
定　　价　49.80 元

购书咨询：(010) 88819926　电子邮箱：club@fltrp.com
外研书店：https://waiyants.tmall.com
凡印刷、装订质量问题，请联系我社印制部
联系电话：(010) 61207896　电子邮箱：zhijian@fltrp.com
凡侵权、盗版书籍线索，请联系我社法律事务部
举报电话：(010) 88817519　电子邮箱：banquan@fltrp.com
物料号：338300001

　　"斯拉夫国家语言文化研究"专题是在"一带一路"倡议背景下，为国内读者介绍斯拉夫国家在语言文化、民族宗教、文学艺术等方面的国情而作，是区域国别问题研究上的一次大胆尝试，旨在推动中外交流，促进民心相通，实现文明互鉴。

　　斯拉夫民族分为东斯拉夫民族、西斯拉夫民族和南斯拉夫民族，目前共有13个国家，具体情况是：东斯拉夫国家有俄罗斯、乌克兰和白俄罗斯；西斯拉夫国家有波兰、捷克和斯洛伐克；南斯拉夫国家有塞尔维亚、黑山、北马其顿、克罗地亚、斯洛文尼亚、波斯尼亚和黑塞哥维那（简称"波黑"），以及位于欧洲东南部地区的保加利亚。国内有关斯拉夫国家的图书和资料并不多，相关研究也很薄弱，学术研究成果多见于对俄罗斯、乌克兰、波兰、塞尔维亚等国的文化研究，很少有人对整个斯拉夫民族的语言和文化进行详细的介绍和研究。斯拉夫民族历史悠久，拥有辉煌、灿烂的民族文化，在世界文明史中占有重要地位。苏联"十月革命"之后，尤其是在"二战"之后，学界对"世界斯拉夫学"（英文为 slavictics，俄文为 славяноведение 或 славистика）的研究热情空前高涨，并且研究成果较多。这一时期的斯拉夫学研究也明显带有地缘政治、意识形态等方面的特征，所以这一时期的研究常被视为"苏联学"（советология）。苏联解体后，世界范围内的斯拉夫语人才培养和斯拉夫学研究发生了很大的变化。当前，俄罗斯的斯拉夫语人才和斯拉夫学研究人才同样非常紧缺。幸运的是，俄罗斯学界具有培养斯拉夫语人才、发展斯拉夫学的时代紧迫感，所以近些年，俄罗斯在这方面的研究成果比较丰富。

纵观世界各民族的发展历史，我们不能因其繁荣或衰退来判定其优劣。作为一种文明现象，斯拉夫民族文化不容小觑。因此，在借鉴斯拉夫国家已有研究成果的基础上，我们从"他者"的视角去介绍、梳理和分析整个斯拉夫民族的语言和文化，根据它的历史与现实来预测其未来的发展方向。

区别于国内已出版的《斯拉夫文明》等书的历史研究视角，我们的研究思路是：以斯拉夫民族区域发展为研究视角，把斯拉夫民族作为一个整体来研究，分别从语言文化、文学艺术、民族教育等方面深入研究各个斯拉夫国家的国情和发展状况。因此，我们既重视对斯拉夫国家的区域性、民族性、多样性等方面的整合研究，又重视对斯拉夫国家的国别个性研究；在介绍、梳理事实和提出问题的基础上，分析某一问题或某一现象背后的原因，并提出相关对策。在研究方法上，我们针对不同的研究领域采用了不同的方法。在斯拉夫国家的民俗文化、建筑艺术、民族教育、汉语教育等领域，我们主要采用了田野调查法；在斯拉夫民族的语言意识研究领域，我们主要采用了心理语言学联想实验法。

我们将这些研究成果以图书的形式出版，主要包括《"一带一路"视域下斯拉夫国家语言文化及发展战略研究》《斯拉夫国家汉语教育及服务需求研究》《斯拉夫国家戏剧教育研究》《斯拉夫国家民族教育政策研究》《斯拉夫国家电影艺术研究》《斯拉夫国家民俗文化研究》等。同时，为了更加深入地研究斯拉夫国家的民族基因和具体发展状况，我们还会选择一些具有代表性的斯拉夫国家进行系统研究，如俄罗斯、乌克兰、塞尔维亚、保加利亚、波兰等，最终形成具有一定学术价值和研究水平的国别研究成果。此外，为了更好地了解、学习和把握斯拉夫学研究的学术动态，我们联合国内外斯拉夫学研究专家定期进行研讨，并以论文集的形式出版斯拉夫学研究成果。以上这些成果会陆陆续续出版，统一纳入"新丝路国别与区域研究"丛书。

我们的研究团队成员主要来自教育部国别和区域研究中心"哈尔滨师范大学斯拉夫国家研究中心"（简称"研究中心"）。研究对象细分为以俄罗斯为主的东斯拉夫国家，以波兰为主的西斯拉夫国家，以塞尔维亚为主的南斯拉夫国家。研究领域涉及政治、经济、文化、外交、教育、民俗、语言政策和民族心理等方面，研究工作主要以国际合作项目、国家社科基金项目、教育部委托课题等方式进行。研究中心的主要职责有：立足于服务国家"一带一路"倡议，培养既掌握俄语、波兰语、塞尔维亚语等斯拉夫语言，又了解斯拉夫文化，能研究斯拉夫国家国情的跨学科、创新型人才；努力搭建研究斯拉夫国家的学术交流平台，并以问题为导向，形成高质量的研究报告，为国家对外合作起到"智库"作用。我们希望研究成果能够服务于国家在经济、文化、教育等方面的对外交流与合作，体现高校学术研究服务社会的功能。

"斯拉夫国家语言文化研究"课题组

2022年8月

　　当今世界民族众多，各民族在长期发展过程中创造了辉煌、灿烂的民族文明。世界上任何一个民族的教育，都带有自身民族的文化痕迹。可以说，教育和文化如同一对孪生兄弟，紧密相连。纵观世界各民族千差万别的语言文字、生活习惯、思维方式、文化特质等，我们需要进行多学科交叉研究。这种研究往往需要把民族学问题从教育学的视角加以审视，从而阐释文化传承过程中铸就的民族文化及其特征。

　　教育作为社会系统的一个组成部分，与一个国家的政治、经济、文化、人口、生态等因素密切相关。社会系统各要素之间只有保持平衡，相互促进，才能形成均衡和谐的生态结构，从而发挥出更大的作用。国家政策是国家政府在一定历史阶段制定的政治目标、行动纲领和具体措施，包括法律、法规、文件、指示等。国家政策对维护和保障国家的社会稳定起到重大作用，而教育政策的实施对提高公民文化水平、促进教育公平有着非常重要的作用。

　　民族是在文化、语言、历史等诸多方面形成的区别于其他群体的社会文化共同体。民族教育政策多指在多民族国家中政府对其境内少数民族实施的教育政策，既包括该国政府制定的总体教育政策，又包括民族政策中的语言文化政策以及主体民族的教育政策。由此可见，对一个多民族共生的国家来说，构建民主、平等、和谐的民族教育政策体系和运行机制尤为重要。因此，研究和梳理一个国家的民族教育政策，对了解其社会发展历程、分析其民族问题和民族关系，建设文明和谐、稳定繁荣的社会，具有十分重要的现实意义。

本书正是基于以上认识，将历史学、民族学、社会学、教育学、政治学、生态学等学科结合起来，解读斯拉夫国家在多民族结构、政治经济、语言文化等方面凸显出来的民族教育问题及其相关政策。因此，本书不仅梳理了相关法律、法规文件，而且试图从诸多零散的文件中提炼出有关民族教育政策的信息，其过程实属不易。

本书的写作背景主要有以下两点。一是习近平主席提出了"一带一路"倡议，引起了国际社会的高度关注。大多数斯拉夫国家处于"一带一路"沿线，有着悠久的历史和丰富的民族文化。了解和掌握斯拉夫国家各民族的语言、文化、教育及其相关政策，有利于推进"一带一路"建设。二是哈尔滨师范大学于2017年10月成立了教育部国别和区域研究中心"斯拉夫国家研究中心"。我们有幸成为该研究团队的成员，并有意识地学习和研究斯拉夫国家的相关研究成果，解读相关热点问题。当然，作为一项国家课题，本书的编写对我们来说更是一份沉甸甸的责任。

本书由三大部分构成，分别介绍东斯拉夫国家、南斯拉夫国家和西斯拉夫国家的民族教育政策。本书从13个斯拉夫国家中选取了9个国家进行介绍：东斯拉夫国家包括俄罗斯、乌克兰和白俄罗斯；南斯拉夫国家包括已经解体的南联邦①，以及保加利亚和塞尔维亚；西斯拉夫国家包括波兰、捷克和斯洛伐克。通过查阅国内外相关文献，基于历史脉络与现实条件，我们梳理了各国的民族发展历史、人口结构状况及其相关的民族政策，努力从中挖掘出各国民族教育政策的历史渊源、社会环境、制定依据和实施效果。我们发现，这9个斯拉夫国家在自然环境、民族历史及形态结构、文化基础等方面各有差异，但它们之间存在千丝万缕的联系。因此，我们在编写过程中采取了"择重避轻"的原则，希望能够更加清晰地呈现出这9个国家的民族教育发展脉络。为了保证外文文献翻译的客观性和准确性，我们多次向国内外研究斯拉夫国家的专家、学者虚心请教，努力做到事实清楚、立论有据、分析合理。

本书由崔英锦教授负责理论框架的整体设计和项目的具体组织与实施，以及稿件的最终审定。季艳福同志为本书的编写付出

---

① 即南斯拉夫社会主义联邦共和国。

了艰辛的劳动。同时，我们要特别感谢哈尔滨师范大学斯拉夫学院院长、教育部国别和区域研究中心"哈尔滨师范大学斯拉夫国家研究中心"主任赵秋野教授和副主任吴哲教授，她们为本书的出版做了很多实实在在的工作。

古为今用，洋为中用。我们相信，本书对我国民族教育政策的研究和制定有一定的借鉴作用。我们也希望书中的一些信息和观点，能对人们研究斯拉夫国家的民族教育问题提供一定的帮助。本书可作为民族学、民族教育学、人类学、政策学、社会学等专业的教学参考资料。

由于水平和时间有限，疏漏、不当之处在所难免，诚请各位专家和读者批评指正。

本书编写组

2022年8月

第一篇 **东斯拉夫国家的民族教育政策**

第一章 俄罗斯的民族教育政策 3

第一节 俄罗斯概况 3

第二节 俄罗斯的民族政策 15

第三节 俄罗斯的民族教育政策 34

第二章 乌克兰的民族教育政策 49

第一节 乌克兰概况 49

第二节 乌克兰的民族政策 60

第三节 乌克兰的民族教育政策 72

第三章 白俄罗斯的民族教育政策 81

第一节 白俄罗斯概况 81

第二节 白俄罗斯的民族问题及其教育政策 86

第二篇 **南斯拉夫国家的民族教育政策**

第一章 南斯拉夫的民族教育政策 95

第一节 南斯拉夫概况 95

第二节 南斯拉夫的民族政策 103

第三节 南斯拉夫的民族教育政策 122

第二章　保加利亚的民族教育政策 ………………………… 127

第一节　保加利亚概况 …………………………………… 127

第二节　保加利亚的民族问题及其民族教育政策 ………… 133

第三章　塞尔维亚的民族教育政策 ………………………… 137

第一节　塞尔维亚概况 …………………………………… 137

第二节　塞尔维亚的民族问题及其民族教育政策 ………… 141

第三篇　西斯拉夫国家民族教育政策

第一章　波兰的民族教育政策 ……………………………… 149

第一节　波兰概况 ………………………………………… 149

第二节　波兰的民族政策 ………………………………… 157

第三节　波兰的民族教育政策 …………………………… 167

第二章　捷克的民族教育政策 ……………………………… 179

第一节　捷克概况 ………………………………………… 179

第二节　捷克的民族问题及其民族教育政策 …………… 184

第三章　斯洛伐克的民族教育政策 ………………………… 192

第一节　斯洛伐克概况 …………………………………… 192

第二节　斯洛伐克的民族问题及其民族教育政策 ……… 196

主要参考文献 ………………………………………………… 203

第一篇

东斯拉夫国家的民族教育政策

俄罗斯的民族教育政策

第一节
俄罗斯概况

当今世界，众国林立，俄罗斯无疑是世界大国。与其他民族一样，俄罗斯民族有着悠久的历史。俄罗斯民族由古东斯拉夫人发展而来。在漫长的历史长河中，古东斯拉夫人逐渐演变成现在的俄罗斯人、乌克兰人和白俄罗斯人。基辅罗斯是东斯拉夫人创立的第一个国家，此后，它先后经历了基辅公国、蒙古公国、莫斯科大公国、俄罗斯帝国、临时政府、苏联、俄罗斯等几个重要发展阶段。本节简要阐述俄罗斯民族在沙俄时期、苏联时期以及俄罗斯时期的发展状况。

一、沙俄时期

俄罗斯史学界对沙皇俄国（简称"沙俄"）时期的定义存在不同的看法。依据俄罗斯史学界及世界历史学界普遍认同的观点，沙俄是1547—1721年俄国的国号。1547年1月16日，莫斯科大公国大公伊凡四世成为沙皇，同时将国号改为"沙皇俄国"，沙俄由此进入王国时代。1721年，彼得大帝在瑞典的北方战争中获胜，因此他被俄国元老院授予了"全俄罗斯皇帝"的头衔，正式称帝。自此，"沙皇俄国"进入"俄罗斯帝国"时代（1721—1917年）。然而，人们依旧沿用沙皇俄国、沙皇作为对俄罗斯帝国及其君主的称呼。同时，"沙皇俄国"简称为"俄国""俄罗斯""沙俄"或"帝俄"，别称是"第三罗马"。我国学者一般把"十月革命"之前的俄国历史时期统称为"沙俄时期"。

（一）历史概况

俄罗斯人的祖先是东斯拉夫人。6世纪，东斯拉夫人尚未形成统一的国家形态，他们主要生活在西起德涅斯特河与喀尔巴阡山、东到伏尔加河流域、南达黑海北岸、北至拉多加湖的辽阔土地上。他们通常与血缘相近的氏族部落聚居在一起。862年，俄国历史上出现了统一的封建国家 —— 留里克王朝（862—1598年），该王朝统治俄国长达700多年。由于留里克王朝以基辅罗斯为中心，所以史称"基辅罗斯"。12世纪中期，基辅罗斯分裂成许多个小公国①，莫斯科公国是其中之一。沙皇俄国起源于莫斯科，属于弗拉基米尔公国的领地。起初，莫斯科只是一个小村庄，版图并不大，但地理位置却十分重要，是当时的农业与手工业中心。到了1263年，莫斯科脱离了弗拉基米尔公国，发展成为独立的公国，并逐渐强盛起来。到瓦西里三世统治时期（1505—1533年），莫斯科公国实现了对俄罗斯的统一，疆域面积达到280万平方公里，即：南至奥卡河，北达白海，东起乌拉尔山支脉，西至第聂伯河上游。②到伊凡四世时期（1533—1584年），伊凡四世于1547年加冕成为"沙皇"，莫斯科公国正式成为"沙皇俄国"。伊凡四世继位后，进行了疯狂的侵略和扩张，先后兼并了喀山汗国、阿斯特拉罕汗国等国家，从此具备了俄罗斯西部边界的雏形。伊凡四世去世后，沙皇俄国进入动荡时期。1612年，伊凡王朝被罗曼诺夫王朝（1613—1917年）替代，罗曼诺夫王朝对沙皇俄国开始了长达300多年的统治。

1682年，彼得一世即位。彼得一世在俄国历史上占有十分重要的地位，被誉为"彼得大帝"。他在位期间，将"沙皇俄国"正式改为"俄罗斯帝国"。在俄罗斯帝国时期，国土面积为2280万平方公里，曾占据阿拉斯加（1867年卖给了美国），势力

---

① 公国（duchy），是指王国统治下的封建制自治国家。

② 金亚娜. 俄罗斯国情[M]. 哈尔滨：哈尔滨工业大学出版社，2009：54-56.

范围极广，仅次于当时的大英帝国和蒙古帝国。当时俄罗斯帝国的边界如下：北部边界抵达北冰洋和北冰洋群岛；南部边界抵达黑海和高加索山脉；东部囊括了亚洲北部，包括西伯利亚地区；西部边界是从科拉半岛延伸到波罗的海直至多瑙河河口。亚洲部分和欧洲部分以乌拉尔山脉、乌拉尔河、里海、高加索山脉为界。同时，俄罗斯帝国对芬兰王国和波兰王国具有实际控制权。需要指出的是，虽然俄罗斯帝国在亚洲拥有广阔的领土，但它仍然属于欧洲国家。

（二）人文概况

伊凡三世（1462—1505年）时期，俄国拥有广阔的领土，俄语成为通用语言，俄罗斯民族开始形成。在此期间，伊凡三世借鉴拜占庭文化，以双头鹰为国徽，建立了新的国家决策部门——大贵族杜马，同时建立了中央政府，负责国家的行政、军事等重要事务，为建立统一的封建专制体制奠定了基础。瓦西里三世即位后，俄国完成了统一，成为封建专制的中央集权制国家。而在伊凡四世统治时期，正式确立了国号"沙皇俄国"，伊凡四世成为俄国历史上第一位沙皇——"伊凡雷帝"。这一时期，在政治上，沙皇俄国确立了军事专制为特征的沙皇制度，废除了世袭机构，改设中央管理机构，同时设立缙绅议会。此后，虽然沙皇俄国经历了动荡时期与罗曼诺夫王朝的统治，但沙皇制度一直延续到了1917年。1917年，尼古拉二世政权被推翻，沙皇制度宣告终结。

彼得一世即位后，对俄国进行了全面的改革。在政治上，废除了大贵族杜马，设立参政院。中央设立监察总署，地方设立监察官，把全国重新划分为8个省，并将教会纳入皇权管辖之下。同时，他还把国号正式改为"俄罗斯帝国"，彼得一世被称为"俄罗斯皇帝"，沙皇专制权力得到加强。19世纪80年代以后，虽然俄国走上了资本主义道路，但它并没有像欧美资本主义国家那样进行政治体制改革。直到1917年尼古拉二世的统治被推翻之前，它始终是一个封建的沙皇专制国家。

在1861年之前，自给自足的俄国经济模式产生了农奴制度，但随着资本主义经济的发展，社会贫富差距不断扩大，社会矛盾不断激化。据统计，在1858—1860年爆发的农民起义多达290次。基于此，俄国沙皇亚历山大二世在1861年推行了俄国历史上著名的"农奴制改革"，为俄国资本主义经济的发展扫清了道路。因此，列宁在评价这场改革时曾这样指出："1861年2月19日，标志着从农奴时代成长起来的新资产阶级国家正式建立。"到了19世纪80年代初，俄国基本完成工业革命，走上了殖民扩张道路，成为继英国、法国、美国之后的一大工业强国。

19世纪初，随着资本主义经济的不断发展，俄罗斯文化也得到了长足发展，特别是在文学界出现了以普希金、契诃夫、托尔斯泰为代表的"黄金时代"。当然，东正教作为俄国的"国教"，对俄罗斯文化的发展有着极大的影响。俄罗斯思想家别尔嘉耶夫曾经指出："俄罗斯人民的灵魂是由东正教培育的，它具有纯粹的宗教形式。"[①] 由此可见，宗教精神渗透到了俄罗斯文化的各个方面。

二、苏联时期

苏联全称为"苏维埃社会主义共和国联盟"，是"十月革命"胜利后建立的人类历史上第二个无产阶级政权[②]，也是第一个由马克思主义政党建立的社会主义国家。1922年12月30日，由俄罗斯、南高加索联邦、乌克兰、白俄罗斯四个加盟共和国组成的苏联国家诞生。此后，苏联逐步增加至15个加盟共和国，实行社会主义制度和计划经济政策，并由苏联共产党执政。

（一）自然概况

苏联疆域横跨欧、亚两洲，主要位于东欧、中亚及北亚地区。从东到西最长的距离有一万多公里，是世界上跨度最长的国家。从北到南的距离有5000多公里，疆域总面积为2240.22万平方公里，相当于一个北美洲。苏联毗邻黑海、波罗的海、北冰洋和太平洋，与美国的阿拉斯加州、日本的北海道隔海相

---

① 别尔嘉耶夫.人的奴役与自由：人格主义哲学的体认[M].徐黎明，译.贵阳：贵州人民出版社，1994：2-4.

② 第一个无产阶级政权是巴黎公社。

望。苏联与挪威、芬兰、波兰、捷克斯洛伐克、匈牙利、罗马尼亚、土耳其、伊朗、阿富汗、中国和朝鲜均有接壤。其中，苏联与我国的边界长度超过了7300公里。^①

苏联时期，平原和低地约占苏联国土总面积的60%，山地和高地约占国土总面积的20%。伊涅赛河西部主要是东欧平原、西伯利亚平原和图兰平原，东部主要是西伯利亚高原、西伯利亚山地以及哈萨克高原。苏联的主要气候特征是：冬季时间长，寒冷干燥；夏季时间较短，气候较为温暖；春秋两季较为短暂，全年温差较大。苏联的天气以强烈的大陆性气候为特征，其中80%的地区属于温带，16%的地区为寒冷地带，4%的地区为亚热带。大部分地区属于温带，克里米亚半岛南海岸、南高加索南部和中亚属于亚热带，北冰洋附近及最北端岛屿属于寒带和亚寒带。苏联的年平均降水量为530毫米，冬季全境都会降雪，并且降雪量较大。^②

苏联拥有世界上最长的海岸线，并且大部分海岸线位于北极。由于气候问题，除了摩尔曼斯克能够常年保持不冻，其他所有在北极圈以北的海岸都被冰封，一年中冻结的时间长达10个月。

---

① 我爱历史网. 苏联的领土面积有多大 [EB/OL]. [2020.04.09]. http://www.52lishi.com/article/44289.html.

② 我爱历史网. 苏联的地理环境 [EB/OL]. [2020.04.14]. http://www.52lishi.com/article/44605.html.

苏联拥有非常丰富的水资源，全国约有300万条河流和大约400万个内陆湖泊，境内有叶尼塞河、鄂毕河、勒拿河、伏尔加河、第聂伯河等河流。苏联还拥有世界上最深的淡水湖 —— 贝加尔湖。苏联矿产资源非常丰富，拥有秋明油田、库尔斯克煤矿等资源，石油、天然气、煤炭、铀矿储量均居世界前列。在矿物方面，苏联主要矿物的产量在世界上占有重要地位。这些丰富的自然资源为苏联的社会主义建设提供了充足的物质保障。

（二）人文概况

苏联是一个联邦制国家，按照自愿结合的原则，由15个具有同等权利的加盟共和国组成。苏联共产党是唯一的执政党，2000多万名党员是国家的统治核心。在苏联，每一个工厂和集体农庄都建立了党支部，整个系统的核心是苏联共产党中央委员会。斯大林时期结束后，为了防止权力过度集中，苏联共产党推行了集体领导制。谁能掌握中央的多数票，谁就可以担任党和国家的领导人。苏联的国家首脑最开始称为"全俄罗斯苏维埃代表大会执行委员会主席"，从1938年起改称"苏联最高苏维埃主席团主席"，1990年以后又改称"总统"。

在经济方面，"冷战"期间，苏联是世界第二大经济体，仅次于美国。20世纪80年代以后，苏联被日本赶超。不过，苏联与奉行资本主义和自由市场经济的美国有很大的不同，苏联是依照高度集中的计划经济模式发展起来的，这种模式由国家垄断生产资料，国家通过计划来控制和调整经济，推动经济发展。苏联经过1928—1932年的第一个"五年计划"后，工业产值在国民经济中的比重由1928年的48%上升到了1932年的70%，成为先进的工业大国。然而，苏联的经济发展并不平衡。国防军工、重工业、化学工业和航空航天工业都非常发达，在世界上处于领先地位，而关系到民生的轻工业和农业则相对落后。

在文教和科技方面，苏联时期的文化发展也受到限制，苏联的文学、艺术、电影、出版工作由苏联共产党控制，作品需要经过审查才能出版上市。然而，所谓"消极""颓废"的作品则会受到限制，甚至禁止出版。值得一提的是，在苏联时期，科学技术发展非常迅速。1954年，苏联在奥布宁斯克建立了世界上第一座核电站。1957年，苏联发射了世界上第一颗人造卫星。1959年，苏联的太空探测器"月球二号"拍到了月球背面的第一张图像。1961年，苏联英雄尤里·加加林乘坐宇宙飞船进入太空，成为第一个进入太空的人。1986年，苏联发射了"和平"号卫星，建立了太空空间站，这是人类历史上最大的飞行器。1988年，苏联"暴雪"号航天飞机顺利发射，标志着苏联的航空技术达到巅峰。当然，科技发展除了有国家政策的支持，与教育也存在不可分割的联系。苏联时期，教育的普及程度很高，几乎扫除了文盲。据统计，1983年苏联为教育支出了3390亿卢布，占国民总收入的6.3%。1984年，全国有13.8万个学前教育机构和7624个职业技术学校，高等教育也得到迅速发展。[①]

三、俄罗斯

1991年苏联解体后，最大的加盟共和国 —— 俄罗斯联邦正式独立。俄罗斯联邦通称"俄罗斯"，有时也称为"俄联邦"。目前，俄罗斯仍然是世界上国土面积最大的国家。俄罗斯继承了苏联时期绝大部分军事力量，成为世界第二大军事强国。

（一）自然概况

俄罗斯横跨欧亚大陆，东西最长9000公里，南北最宽4000公里。邻国西北面有挪威、芬兰，西面有爱沙尼亚、拉脱维亚、立陶宛、波兰、白俄罗斯，西南面是乌克兰，南面有格鲁吉亚、阿塞拜疆、哈萨克斯坦，东南面有中国、蒙古和朝鲜。东面与日本和美国隔海相望。海岸线长3.38万公里。俄罗斯的地形以平原和高原为主，地势南高北低，西低东高。西部几乎都是平原，东部是乌拉尔山脉、西伯利亚地区和太平洋沿岸地区。西南部大部分为山区，主要是高加索山脉，最高峰为厄尔布鲁士山。

俄罗斯的大部分疆域处于北温带，以温带大陆性气候为主，

---

① 李晶.1983年苏联教育统计 [J]. 比较教育研究，1984（4）：65-65.

北极圈以北地区属于寒带气候。俄罗斯境内的温差普遍较大，一月份的平均温度为-40℃至-5℃，七月份的平均温度为11℃至27℃，年平均降水量为150—1000毫米。西伯利亚地区纬度较高，气候寒冷，冬季漫长，但夏季日照时间较长，气温和湿度适宜，有利于针叶林植物的生长。俄罗斯有黑海、波罗的海、芬兰湾、巴伦支海等多个海域，境内有欧洲第一条长河——伏尔加河，以及世界上最深的淡水湖——贝加尔湖。同时，俄罗斯境内森林、煤矿、天然气等自然资源丰富。俄罗斯是世界上最大的石油和天然气输出国，森林覆盖率占国土总面积的50.7%。[①]

（二）人文概况

1991—1993年，俄罗斯的政体既有苏联时期遗留的特征，又有西方三权分立的特点，出现了一种"新旧混合制"政体。这种情况导致俄罗斯在国家管理上出现了混乱局面。1993年12月12日，俄罗斯以国家全体公民投票的方式通过了第一部宪法。这部宪法使俄罗斯确立了总统形式的联邦民主制，立法、司法、行政三权分立并相互制衡。总统为国家首脑，实行任期制，每届任期4年。2008年，俄罗斯对宪法进行了修改，将总统的任期由4年改为6年，并由人民直接选举产生。俄罗斯政

---

① 中华人民共和国外交部.俄罗斯国家概况[EB/OL].[2020.10.01]. https://www.fmprc. gov.cn/web/gjhdq_676201/gj_676203/oz_678770/1206_679110/1206x0_679112/.

府是国家权力的最高执行机关。

在经济方面，俄罗斯虽然继承了苏联时期的大部分工业、科技资源，但苏联解体后，俄罗斯经济曾一度出现严重的衰退局面。由于俄罗斯当局采用"休克疗法"，国家经济不仅没有得到有效改善，反而持续衰退。直到2000年普京执政后，俄罗斯经济才有所好转。此后，俄罗斯连续八年保持了经济平稳增长，年均增速为6.7%。此外，俄罗斯的外贸出口也呈现出较高的增长趋势，投资环境有所改善，国民收入不断提高。俄罗斯的GDP从1999年的1570亿美元，增长到了2005年的7500亿美元。俄罗斯的黄金外汇储备由1998年底的近100亿美元上升到了2005年的1822亿美元。到2006年底，俄罗斯的外汇储备突破2800亿美元，成为当时世界上拥有众多外汇储备的国家之一。

在文化教育方面，受苏联时期文化政策的影响，俄罗斯的文化发展比较缓慢，并且存在较多限制。因此，俄罗斯高度重视文化事业的发展，出版了大量的图书和报刊，并不断完善图书馆、博物馆、文化馆等大众文化基础设施。普京执政之后，政府加强了各层级的教育。俄罗斯在自然科学、基础研究和高等教育方面的水平居世界前列。俄罗斯高校科研成果数量占全国科研成果总量的50%以上。俄罗斯在航天、军工等领域的发展处于世界一流水平，在人文社会科学领域则保持了优良传统。近年来，俄罗斯的民族学校发展较快，数量达到3500多所，学校开设的民族语言课程已有30多种。

第二节
俄罗斯的民族政策

俄罗斯作为一个多民族国家，民族问题始终是一个不可忽视的问题。从沙俄时期到苏联时期，再到俄罗斯时期，每一次社会动荡的背后都存在民族矛盾的身影和痕迹。例如，第一次车臣战争和第二次车臣战争，都是民族矛盾激化的结果和表现。民族问题是影响俄罗斯社会稳定的根本性问题。俄罗斯历届政府对民族问题都曾经做过不懈的努力，在不同历史时期采取了相应的民族政策。下面，我们以时间为顺序，梳理和论述俄罗斯各个时期的民族政策。

一、沙俄时期的民族政策

自1789年法国大革命结束后，欧洲各国进入了民族主义时代，欧洲大陆兴起了建立单一民族国家的浪潮。俄罗斯作为一个地跨欧、亚两大洲的国家，民族主义思潮及运动对其产生了巨大的影响。然而，民族主义的发展对沙皇专制给予了致命的打击。民族问题和民族矛盾成为影响沙俄稳定的主要因素，甚至成为断送沙俄政权的重要因素之一。

广阔的国土面积和悠久的历史，注定了俄罗斯是一个多民族国家。20世纪初，沙俄各民族的数量超过200个，民族语

言的种类也达到146种。虽然沙俄的民族数量较多，但80%
的人口是由沙俄境内的五大民族构成，即俄罗斯族、乌克兰
族、白俄罗斯族、波兰族和犹太族。其中，俄罗斯族占沙俄
总人口的44.3%（约5570万人），乌克兰族占了17.8%（约2240
万人）和白罗斯族占了4.7%（约590万人）。[①]由于各民族文化
和传统不同，加之民族众多这一现实情况，所以民族冲突时
有发生，民族之间难以融合，民族问题成为影响沙俄社会稳
定的历史性因素。

在19世纪中期以前，统治阶级大力宣扬俄罗斯族才是沙俄
最正统的民族，并且认为被征服的非俄罗斯族理应受到俄罗斯
族的支配。统治阶级对其他民族采取歧视、打击甚至血腥镇压
的民族压迫政策，致使国内民族矛盾越来越尖锐。

到了19世纪中期，为了稳定国内政局并应对民族主义的
冲击，沙俄政府开始调整民族政策，由起初的"分而治之"政
策逐步转变为"民族同化"政策。沙俄政府企图通过"民族
同化"政策来消灭种族界限，实现"俄罗斯族全民化"。这种
"大俄罗斯"思想虽然改变了政府之前的态度，但其本质并没
有改变，少数民族的地位并没有得到提升，种族歧视依然没
有消除。沙俄政府规定，"在官方及正式场合，一律使用俄语
作为官方语言，禁止使用其他民族语言。在学校，俄语作为

---

① 梅春才.20世纪上半期俄罗斯人口问题研究[D].长春：吉林大学，2010：18.

国语进行强制性推广"。^①到20世纪80年代末，各民族语言多达130种，但得到沙俄政府承认的只有其中的75种。

在文化教育方面，沙俄政府对非俄罗斯族实行愚民政策，强迫他们接受俄罗斯族文化，逼迫他们放弃原有的宗教信仰，并把东正教作为俄罗斯境内所有民族的正统宗教。这就导致非俄罗斯族无法接受良好的教育。"十月革命"爆发之前，俄国社会存在很多文盲，其中少数民族的文盲数量更多。^②

"民族同化"政策使国内少数民族对沙俄的统治更加不满。在尼古拉二世时期，少数民族要求独立的呼声越来越高。1917年俄国"二月革命"爆发后，临时政府为了稳定政局，决定废除沙俄政府压制少数民族的政策。国内少数民族精英迅速组织起来，掀起了民族分离主义浪潮，沙俄的统治迅速瓦解。

二、苏联时期的民族政策

据1989年苏联人口普查结果显示，苏联境内的民族多达128个，除了俄罗斯族，主要有乌克兰族、鞑靼族、亚美尼亚族、格鲁吉亚族、立陶宛族、德意志族、吉尔吉斯族、犹太族、

① 何俊芳. 前苏联的民族语言教学[J]. 民族教育研究，2000（1）：88.
② 郭建平. 原苏联民族问题的评述与思考[J]. 东欧中亚研究，1993（2）：54-55.

拉脱维亚族、爱沙尼亚族等。因此，苏联是当时世界上民族众多的国家之一。在苏联时期，俄罗斯族人口占主体地位，占总人口的50.8％，其他民族人口占总人口的49.2%，民族分布呈现"大杂居、小聚居"的特点。苏联各民族分别使用属于印欧、阿尔泰、高加索、古亚细亚、汉藏等不同语系的130多种语言。

（一）"十月革命"后至苏联初期

"十月革命"胜利后，俄罗斯各族人民迎来了短暂的曙光。为了应对当时国内社会的动荡局面，1917年11月7日，全俄工兵代表苏维埃第二次代表大会宣布，彻底废除沙俄政府颁布的一切关于民族压迫的政策，给予各民族真正的自主权。1917年11月25日颁布的《全国各族人民权利宣言》，废除了一切民族及宗教特权，确认了俄罗斯各民族的平等权利，各民族拥有完全自主的权利。1918年，苏维埃政府又颁布了《被剥削劳动人民权利宣言》，确立了苏维埃社会主义共和国是建立在自由民族联盟基础之上的各苏维埃民族共和国的联邦。随后，波兰、爱沙尼亚、乌克兰等国宣布独立，苏维埃政府得到了各民族人民的拥护和支持。根据自治、自愿的原则，俄罗斯各民族先后成立了自治共和国和一些自治省。国内战争胜利后，俄罗斯各民族快速恢复发展经济，促进各加盟共和国更加紧密的团结，提高国家的军事实力，共同抵御外敌。在当时，各独立自治共和国与自治省开始团结起来，利用各民族的地理优势与资源优势，相互支持与合作，促进了国内经济的快速发展，为建立一个统一的多民族国家创造了条件。

1922年，苏维埃社会主义共和国联盟（即苏联）正式建立。1924年，苏联颁布了第一部宪法。宪法明确规定，苏联是一个在各民族平等的基础上自愿联合的综合体，各共和国拥有自由加入与退出的权利。这种平等的民族理论与政策，对一个多民族国家具有十分重要的意义。在苏联建立之前，对其他民族来说，"平等"可谓天方夜谭。当然，这与社会主义制度的确立有直接关系。但从另一个角度上看，社会主义制度能够在俄国确立，民族众多是其中一个重要因素。

（二）列宁与斯大林时期

苏联初期的民族政策与列宁这位伟大的无产阶级革命家、政治家有着密不可分的联系。19世纪末20世纪初，列宁提出了民族平等理论。列宁的民族政策主要受到马克思和恩格斯民族理论的影响。"从1895年到1902年，列宁在《社会民主党纲领草案及其说明》中第一次提出了'民族平等'理论。列宁认为，应该消灭阶级、不分宗教与民族，一切公民与民族具有平等的权利"。[①] 在"十月革命"爆发之前，列宁第二次起草了

---

① 列宁. 社会民主党纲领草案及其说明[M]//列宁全集: 第2卷. 北京: 人民出版社，1984: 71.

《俄国社会民主工党纲领草案》，与前一个草案相比，列宁在该草案中加入了新内容，即民族自决原则。之后，列宁相继发表了《民族问题提纲》《论民族自决权》等一系列文章，论述了其民族自决权的内容与实施办法。列宁认为，"关于民族自决权，即关于民族享有分离和建立独立的民族国家的权利"，"所谓民族自决，就是民族脱离异族集合体，就是成立独立的民族国家"。①

"十月革命"胜利后，国内社会动荡不安、战争持续不断，而国外资本主义国家对这一新生的社会主义国家抱有敌视态度，为此，列宁对民族平等理论有了新的观点与设想。列宁认为，在地域广阔、民族众多的国情下，建立单一制的社会主义共和国并不现实。于是，列宁提出了建立联邦制国家的设想，这一设想成为日后苏联建立的重要理论基础。列宁民族理论的主要内容总结如下。

第一，废除民族特权，各民族一律平等。列宁继承了马克思和恩格斯关于"民族无大小、无强弱之分"的观点，认为各族人民应该拥有同等的权利。1902年，列宁在他所著的《俄国社会民主工党纲领草案》一文中提出："废除等级制度，全体公

---

① 列宁. 社会主义革命和民族自决权[M]//列宁全集: 第2卷. 北京: 人民出版社, 1995: 564.

民不分性别、宗教信仰和种族，一律平等。"①之后，苏维埃政府又在1917年发布了《俄国各民族人民权利宣言》，以法律的形式保障各民族的平等权利。

第二，拥有其民族自决权。关于民族自决的观点是列宁考察了本国的实际情况后做出的具体阐释。当然，列宁认为，这种自治不是完全的独立与分离，而是为了联合而拥有的自治权。

第三，采取联邦制形式，实现民族平等。在革命初期，列宁希望建立单一制的民主集中制国家。但随着"十月革命"的胜利，国内局势发生了深刻的变化，列宁放弃了原有的设想，提出符合各民族利益的联邦制国家。但列宁认为，联邦制只是一种过渡形式，并非是最终的选择。

第四，加快法制建设，消灭各民族的实际差距。在列宁的领导下，苏联颁布了《关于民族平等和保护少数民族权利的法律草案》等一系列法律法规。

列宁还认为，想要真正实现民族平等，就要提高各民族、各地区的经济发展水平。他鼓励各自治共和国、自治地区要发挥地域优势加强相互协作，努力提高经济发展水平，实现民族平等。1924年，以列宁民族平等理论为基础的民族区域自治制度最终写入了苏联的第一部宪法。

---

① 列宁.关于俄国社会民主工党纲领的文献[M]//列宁全集：第6卷.北京：人民出版社，1986：195.

斯大林是继列宁之后的苏联领袖，对苏联的影响巨大。可以说，斯大林是苏联共产党的"民族问题专家"。斯大林曾在1913年发表了《马克思与民族问题》一文，得到了列宁的赞赏，但斯大林在民族问题上又与列宁的观点并不完全一致。众所周知，斯大林是一个强硬派人物，这种强硬的执政风格也体现在他对待民族问题方面。"斯大林所理解的民族是在民族国家形成的基础上体现在国家层面的民族，即不分部落、种族的由全体居民构成的整体民族。"[①] 斯大林反对民族的绝对独立与分离。他认为，民族区域自治不应该建立在联邦制基础上，这不利于维护和稳定刚刚建立的新生政权。同时，他对列宁的"民族自决"观点也有不同的看法。列宁逝世后，斯大林为了防止"一些别有用心的人"对列宁的"民族自决"观点进行夸大和曲解，曾明确表示，"民族自决的本质并非各民族的独立与分离"。随后，斯大林在其执政期间对苏联的民族政策进行了修改，主要内容如下。

第一，要解决民族间的不平等现状，即要解决各民族间在政治、经济、文化等方面的发展不平衡问题。苏联第一个"五年计划"明确了如下内容："在计划制定和政策扶持中要注重发展少数民族地区，尤其要发展落后地区的经济与文

---

① 郝时远. 重读斯大林民族定义：读书笔记之三：苏联多民族国家模式中的国家与民族[J]. 世界民族，2003（6）：3.

化，尽可能地使这些地区的发展速度与水平达到全国平均水平"。①

第二，削弱各加盟共和国、自治省的权力，加强中央集权，反对地方民族主义。这一点，在1936年苏联颁布的宪法中有重要体现。例如，在对立法权的归属上，改变最初的"联盟中央只负责立法"的原则，对重要的法律法规的制定与颁布由中央负责。② 同时，斯大林开始明确反对地方民族主义，特别是在卫国战争后，斯大林开始凸显俄罗斯族的地位与优越性，这一思想为其执政后出现的民族问题，甚至为后来的民族战争埋下了隐患。

斯大林的民族理论及其相关的民族政策既有利又有弊。首先，斯大林强硬的执政风格确实起到维护国家统一、民族团结的作用。其次，推动了少数民族地区经济与文化的发展，尤其是一些发展较为落后的民族地区，通过国家政策的支持，人民的生活发生了很大变化。再次，促进了国家层面的"大民族"的形成，全社会开始慢慢接受"苏联人民"和"苏联民族"的观念。当然，斯大林在民族问题上也存在明显的不足。第一，没有考虑到各民族的特殊性及地域差异性。第二，中央高度集权，个人崇拜盛行。第三，斯大林在执政后期强烈反对地方民

① 中共中央编译局.斯大林文选[M].北京：人民出版社，1963：506-508.

② 赵常庆，陈联璧，刘庚岑，董晓阳.苏联民族问题研究[M].北京：社会科学文献出版社，2007：77-79.

族主义，强调俄罗斯族的优越性，对一些少数民族的打压引起了他们的不满，民族矛盾变得更加尖锐。

（三）苏联中后期

斯大林去世后到苏联解体前，苏联先后主要经历了赫鲁晓夫、勃列日涅夫、戈尔巴乔夫的执政时期，领导人的频繁更替使苏联的政策不断变化，导致国内局势越来越混乱。但在民族政策方面，苏联各个领导人都保留了斯大林时期的政策意图，并对原有政策进行了完善，具体情况如下。

赫鲁晓夫执政后，对斯大林执政时期的政治与经济政策进行全盘否定，却未对当时的民族理论与政策进行否定。赫鲁晓夫认为，苏联已经解决了"历史悠久"的民族问题。因此，在原有民族政策的基础上，赫鲁晓夫明确提出"新的历史共同体，即苏联人民"的观点。在赫鲁晓夫执政的前几年是苏联的"自由"时期，尤其在文学方面被业界称为"解冻时期"。这一时期，为了稳定局面，赫鲁晓夫对前期政策造成的民族"伤害"进行了修复。例如，对一些民族进行了经济补偿，允许非俄罗斯族返回原居住地等。

赫鲁晓夫继续坚持原有的民族政策，即执行所谓的"苏联人民"的民族政策，其实质是一种"大俄沙文主义"。政府大肆宣扬"俄罗斯民族优秀论""伟大的俄罗斯族"的优势与作用。赫鲁晓夫离任后，勃列日涅夫开始执政。他更加推崇"大俄罗斯主义"。1964年，勃列日涅夫开始在经济上恢复中央集权制，取消各加盟共和国的经济自治权。在政治上，为了独揽大权，勃列日涅夫取消了加盟共和国的人民教育部，建立了中央人民教育部。在民族方面，勃列日涅夫非常推崇赫鲁晓夫时期的"苏联人民"理论。1971年3月30日，苏联共产党召开了第二十四次代表大会，勃列日涅夫在大会上表示："在社会主义建设中，苏联逐渐形成了新的共同体，即苏联人民。"[①] 此后，在1977年的苏联宪法中也多次出现"苏联人民"的概念。可以说，这一时期"大俄罗斯主义"发展到了顶峰。

　　勃列日涅夫时期的民族政策主要有以下几个特点。第一，大肆宣扬"俄罗斯民族优秀论"。第二，迁移居民，实行"大杂居"。这一点是勃列日涅夫时期比较突出的民族政策。通过将大量俄罗斯族人口迁往少数民族聚居地，大力支持异族通婚，从而达到"民族同化"的目的。"根据1970年的人口普查结果显示：在5900万个家庭中，有800万个家庭是由不同民族成分组成的。"[②] 第三，打压非俄罗斯族。对苏联政府的"俄罗斯民族优秀论"，各少数民族早已心生不满。这一时期，各加盟共和国爆发了多次人民抗争活动。例如，乌克兰发生了大规模的

---

① 伊凡·麦斯特连柯. 苏共各个时期的民族政策[M]. 北京：人民出版社，1983：184.

② 阮西湖. 苏联民族问题的历史与现状 [M]. 北京：生活·读书·新知三联书店出版社，1979：129.

抗争活动。在格鲁吉亚、波罗的海也爆发了民族抗争活动，都遭到苏联当局的残酷镇压。同时，苏联当局在少数民族居住地进掠夺资源，当地人民生活水平低下，这为以后的东欧剧变和苏联解体埋下了祸根。

戈尔巴乔夫执政后，苏联国内的局势已经发展到了不可挽回的局面。在民族问题上，戈尔巴乔夫的认识不够清晰。他认为，苏联的民族问题仍是国内的"小问题"。他并没有充分重视民族分离的危机。为了缓解国内矛盾，苏联政府倡导"民主化"和"自由化"，甚至放弃苏联共产党的领导地位，致使国内更加混乱，各加盟共和国的独立浪潮越来越大。1991年12月26日，苏联召开了最后一次会议，并向全世界宣布，苏联就此解散。至此，世界上第一个社会主义国家宣告终结。

三、俄罗斯的民族政策

1991年12月8日，俄罗斯、白俄罗斯、乌克兰等苏联创始加盟共和国共同签署了《别洛韦日协议》，宣布组成独立国家联合体（简称"独联体"）。1992年4月16日，俄罗斯在第六次人民代表大会上决定将国名改为"俄罗斯"。次日，大会最终决定"俄罗斯"和"俄罗斯联邦"这两个具有同等地位的正式国名可以同时使用。独立后的俄罗斯继承了苏联绝大部分的军事力量和资源，这使独立后的俄罗斯并没有陷入严重的政局危机和国土分离危机当中，但也存在苏联时期的大部分社会问题。其中，民族问题并没有因为苏联解体而结束，甚至出现了许多新问题。

截至2012年4月1日，俄罗斯的总人口约有1.431亿，共有193个民族，其中，俄罗斯族占77%，其他民族占了23%。[①] 主要的少数民族包括鞑靼族、乌克兰族、楚瓦什族、巴什基尔族、车臣族、亚美尼亚族、哈萨克族、白俄罗斯族、阿瓦尔族、阿塞拜疆族、德意志族、卡巴尔达族、犹太族、布里亚特族、雅库特族、库梅克族、科米族、图瓦族等。人数超过百万的民族有7个，即俄罗斯族、鞑靼族、乌克兰族、巴什基尔族、楚瓦什族、车臣族和亚美尼亚族。目前，除了俄罗斯族，其他少数民族主要聚居在北高加索、乌拉尔山以西、伏尔加河中下游等地区。其中，北高加索是少数民族聚居人数最多的地区（有100多个民族在此聚居）。全国的民族分布呈现出"相对聚居、普遍杂居"的特点。

（一）独立初期的民族政策

刚刚独立的俄罗斯仍盛行地区主义和民族分离主义，民族冲突和恐怖主义活动接连不断。俄罗斯政府吸取苏联时期的

[①] 搜狐网. 一带一路沿线国家 —— 俄罗斯产业结构与产业政策分析 [EB/OL]. [2019.02.28]. https://www.sohu.com/a/298574985_804346.

经验和教训，从俄罗斯的民族实际状况出发，决定效仿西方国家。"俄罗斯国家的人权与权利高于民族权利，境内各民族之间的平等体现为公民权利平等，国家宪法和其他立法上不突出民族权利，淡化民族意识，以便维护多民族国家的统一。"① 因此，在民族政策方面，由苏联时期的民族自决转向民族自治，同时突出公民权利，以此替代民族权利。例如，1993 年颁布的俄罗斯宪法中明确规定，俄罗斯公民的权利是最高的权利，是神圣而不可侵犯的，国家的职责是保护所有公民享有平等权利。1996 年，俄罗斯政府颁布的《俄罗斯国家民族政策构想》中指出："俄罗斯民族是俄罗斯国家体制的重要支柱。俄罗斯民族的利益和需求要在俄罗斯发展纲要和地区发展纲领上得到充分体现，要在各共和国和民族自治地区的政治、经济、文化生活中得到应有的体现。"② 这为后来俄罗斯构建民族政策的基本框架奠定了基础，对俄罗斯的民族政策具有重要指导意义。

总之，独立初期的俄罗斯注重民族政策的法律建构，努力促进俄罗斯民主政治体制的完善，为民族发展提供制度保障。在经济方面，俄罗斯政府支持少数民族地区的经济发展，并给予一定的财政补贴。1992—1996 年，俄罗斯进入相对稳定的时期。然而，好景不长，1998 年全球性的金融危机爆发，俄罗

---

① 陈联璧. 俄罗斯民族关系理论和政策的变化 [J]. 东欧中亚研究，1999（1）：36.

② 同上。

斯经济一度面临崩溃边缘。大量国有资产被私人侵吞，国内出现了一些"经济寡头"。许多行业被私人垄断，甚至涉及国家安全的行业也被这些"寡头"垄断，如石油、传媒、交通运输等，这种局面直到普京上任后才得到改变。1999年12月31日，叶利钦辞去俄罗斯总统一职，普京成为俄罗斯的新一任总统，俄罗斯由此进入了"普京时代"。

（二）21世纪的俄罗斯民族问题及其民族政策

1. 民族问题

进入21世纪，俄罗斯的民族问题主要体现在人口、民族矛盾、民族歧视、极端民族主义等方面。

（1）人口问题。众所周知，俄罗斯领土面积位列世界第一，但人口总数却在世界上排第七位。因此，地广人稀是俄罗斯的真实写照。俄罗斯是世界上人口下降速度最快的国家之一。据2014年的人口普查结果显示，"2010年，俄罗斯人口下降至1.429亿，与2002年的1.452亿相比，人口减少了230万，降幅达1.6%。自1991年苏联解体以来，俄罗斯的人口形势面临严峻的挑战，从1993年的1.486亿减少到1996年的1.425亿，平均每年减少70万人。预计到2030年，俄罗斯的人口总量将降至1.39亿。"[①] 近年

---

① 新浪网. 你所不知道的俄罗斯：人口20多年呈负增长 [EB/OL].（2014.11.2）[2020. 11.18]. http://finance.sina.com.cn/world/20141102/085320708835.shtml.

来，俄罗斯的人口出生率持续下降，并且死亡率居高不下，人口总数出现负增长，老龄化问题严重，男女比例失调，而迁移到俄罗斯境外的移民人数却大量增加。据统计，居住在境外的俄罗斯人多达2700万，这部分人口的流失使俄罗斯面临更加严峻的人口问题。

（2）民族矛盾。自沙俄时期开始，俄罗斯历史上由民族矛盾引发的战争屡见不鲜。1999年8月，第二次车臣战争爆发。在战争爆发前期，俄罗斯军队士气低迷，战况连连失利。普京上任后，采取高压强制手段平息了这场战争。第二次车臣战争结束后，俄罗斯当局为了安抚车臣民众，大力加强基础设施建设，努力发展经济。经过几年的努力，车臣的经济开始恢复，居民的基本生活得到保障。

（3）民族歧视。在俄罗斯，民族歧视经常出现，并且与就业、住房等问题有关。俄罗斯并没有单独确立禁止民族歧视的法案。国际组织不断呼吁俄罗斯政府，要求其建立一个专门的机构，处理与民族歧视有关的案件。民族歧视问题是俄罗斯各民族难以实现融合的主要因素之一。

（4）极端民族主义。极端民族主义的普遍特点是：崇尚暴力，种族情绪明显，制造恐怖活动。在俄罗斯，极端民族主义表现比较突出的组织是"光头党"，"光头党"给俄罗斯社会的安全造成了很大的困扰。

2. 民族政策

俄罗斯民族政策的基本原则如下：第一，所有俄罗斯主体之间要保持平等关系；第二，宪法赋予公民平等的权利；第三，禁止任何形式的民族歧视和限制公民权利的行为；第四，保障少数民族的权利，尊重民族文化认同和民族社会发展；第五，保护历史文化遗产，促进民族文化的发展。

进入21世纪，俄罗斯处于一个重要的社会转型时期。俄罗斯努力调整民族政策，主要体现在以下几个方面。

（1）调整人口政策。如前所述，俄罗斯人口负增长的问题十分严峻，普京政府较为重视。俄罗斯政府积极鼓励生育，对孩子多的家庭给予补助和支持。同时，为了让海外俄罗斯同胞回到国内，俄罗斯政府于2006年6月22日出台了《关于促进国外俄罗斯族人自愿移居俄联邦的措施令》。同年，普京批准了《使俄罗斯侨胞自愿移居俄罗斯计划》，计划在2007年至2012年向西伯利亚地区和远东地区移民几十万。2002年6月，俄罗斯政府对《俄罗斯外国公民法律地位法》进行了修订，其目的在于改善来自其他独联体国家的移民在俄罗斯的地位，保护他们的合法权益。2006年11月14日，普京签署了《俄罗斯国籍法》，放宽了移民政策，这对解决俄罗斯的人口问题起重要作用。

（2）加强民族文化自治。这里所说的"民族文化自治"，是指民族自治组织在维护国家统一的基础上具有自由行使本民族文化、语言、文字等方面的权利。具体内容包括：政府和一切社会公民应尊重少数民族的传统及风俗习惯；重视全民族精神和多元文化思想的发展；培育全民族的爱国主义精神，尊重与发展俄罗斯各民族的历史和文化；保护各民族的历史文化遗产，进一步发展各民族合作的传统；加强和完善民族学校教育；鼓励各民族之间相互联系与借鉴等。

（3）反对极端民族主义。俄罗斯极端民族主义的泛滥，对俄罗斯社会治理带来了挑战。2002年，俄罗斯政府颁布的《反极端行为法》中规定："极端民族主义的主要表现包括以下几个方面：破坏国家宪法体系，分裂俄罗斯国家统一，损害国家安全与社会稳定，颠覆国家政权，在俄罗斯境内组织非法武装，实施恐怖主义活动等。"[①] 可见，俄罗斯法律条文对极端民族主义提出了明确的反对措施，并要求各地严格预防、警告这种行为。同时，俄罗斯加大爱国主义宣传力度。

（4）保护和发展人口较少的民族。根据2010年人口普查的结果，俄罗斯族占总人口的80.9%。鞑靼族是全国第二大族群，占人口总数的3.87%。8.5%的人口属于其他更小的民族。其中，被认定为人口较少的民族大约有44个，其人口总数约有30.5万人。人口较少的民族生活水平较为低下，经济发展相对

---

① 韦林圻. 转型以来俄罗斯联邦民族政策研究[D]. 南京：南京师范大学，2015：31-32.

落后。为了保护和发展这些人口较少的民族，从1990年起，俄罗斯政府陆续出台了30多部法律法规。其中，1999年颁布了《关于保障弱小民族的权利》。同时，地方政府也根据相关法律法规出台了1000多个法律文件。① 这些举措主要体现在经济规划、资源有效利用和立法保障等方面，为弱小民族的发展提供了重要支持。

（5）设置民族管理机构。2000年，俄罗斯政府成立了俄罗斯民族和移民政策事务部。2004年，俄罗斯政府设立了俄罗斯区域发展部，其主要职责是协调各民族关系，参与制定民族政策，加强和保护少数民族的权利等。

总之，当前俄罗斯采取的是一种民族区域自治与民族文化自治相结合的自治形式。普京执政后，俄罗斯政府通过大量的立法来保障少数民族的权利。这些法律法规更加关注公民的平等权利。

① 何俊芳.俄罗斯的土著小民族：人口、语言状况及国家法律支持[J]，世界民族，2008（4）：92.

第三节
俄罗斯的民族教育政策

在前文，我们主要对沙俄时期、苏联时期和俄罗斯时期的民族结构、历史概况、民族政策进行了回顾和梳理，进一步了解和掌握了俄罗斯的民族构成及其民族政策。本节以时间为脉络，试图深入阐述沙俄时期、苏联时期和俄罗斯时期的民族教育政策。

一、沙俄时期的民族教育政策

沙俄时期的俄国是一个君主专制国家。在彼得一世改革之前，俄国始终是一个经济、政治、文化都比较落后的国家。在沙俄时期，少数民族备受歧视，被俄罗斯族视为"异族"。因此，少数民族教育始终处于落后的状态。

从9世纪至17世纪末，俄国的教育以宗教教育为主，教育权被少数贵族和宗教人员控制，世俗教育并没有受到应有的重视。在基辅罗斯时期，俄国出现了简单的斯拉夫文字，文字的出现与使用促进了教育的发展。基督教传入俄国之后，基辅罗斯受拜占庭和欧洲文化的影响，开始重视教育，并修建了许多教堂和学校，培养一大批神职人员。这些神职人员翻译外文著作，广泛传播宗教知识。

13世纪至16世纪，俄国经历了长达200多年的蒙古统治。这一时期比较突出的特点是：识字的人越来越多，出现了语文、数学、阅读、书写等科目。尽管如此，当时俄国经济非常落后、政治无法自主，文化教育更是无从谈起。

在伊凡四世统治时期，俄国的教育才慢慢步入正轨。由于工商业有了较快发展，图书印刷业也开始应运而生。例如，在1574年，俄国印刷术的创始人伊凡·费多洛夫印刷出版了俄国第一部语法书——《识字课本》。到了17世纪后半叶，随着俄国的统一和经济的进一步发展，文化教育也快速发展起来，为18世纪俄国的教育改革奠定了基础。

17世纪末，西方国家纷纷进入资本主义社会，在经济、政治、文化等方面迅速发展起来，而当时的俄国远远落后于西方国家。1682年，年轻的彼得一世即位。彼得一世决心改变俄国的落后面貌，远赴欧洲考察。1689年，手握实权的彼得一世开始了俄国历史上著名的改革——"彼得一世改革"。他在军事、政治、宗教、文化、工商业等方面进行了全方位的变革。下面，我们主要阐述这一改革对世俗教育的影响。

一方面，彼得一世下令在全国开办大量的各种新式学校，如数学和航海学校、矿业和医务学校、炮兵和工程学校、文书和外国语学校等。另一方面，彼得一世进行了字体改革。在17世纪后半叶之前的时间里，俄国使用的是教会字体。彼得一世认为，教育必须脱离宗教的掌控。要发展教育，就必须进行文字改革。同时，彼得一世对图书出版业也进行了世俗化改革，出版了大量有关航海、天文、数学、文学等方面的书籍。从这个角度上看，彼得一世的改革促进了俄国教育的世俗化与现代化进程。

到了18世纪，俄国的改革进入了关键时期，国内需要大量的资源，以便保障改革的顺利推进。而西伯利亚地区资源丰富，能够为改革提供物质保障。沙俄政府对西伯利亚的资源开发，也为当地的教育发展提供了契机。为了国家发展的需要，西伯利亚开始建立各类学校。1701年，沙俄政府在西伯利亚地区创办了第一所算数学校，随后又开办了武备学校。各类学校的开设，使西伯利亚地区的教育水平和教育普及率大大提升。虽然这一时期西伯利亚地区的少数民族所受的教育仍以宗教教育为主，但在一定程度上对少数民族的儿童教育起到促进作用。1702年，沙俄政府在西伯利亚地区创办了西伯利亚第一所宗教学校。1706—1707年，彼得一世两次下令，为非俄罗斯族儿童进行洗礼。到了18世纪70年代，沙俄政府决定增加少数民族儿童受教育的数量，以便培养更多的少数民族神职人员。尽管这一时期少数民族教育有所发展，但仍然存在大量的文盲和失学儿童。

在"十月革命"之前，沙俄政府实行的是等级制、双轨制等教育政策。同时，沙俄政府一直采用"民族同化"政策，企图通过教育与文化手段来消灭少数民族的文化、风俗习惯等。

这种"民族同化"政策主要表现在以下两点。一是强迫少数民族和被征服的民族使用俄语。沙俄政府承认的民族语言仅有70多种，而俄语是唯一的官方语言。二是少数民族学校数量稀少，没有高等学校。首先，少数民族学校非常少，而且在当时环境下，所有学校必须用俄语进行教学，少数民族儿童受到严重的歧视，被视为"异族人"。[①]其次，少数民族地区没有自己的高等学校，少数民族只能接受初等教育。这种限制政策，使少数民族的教育水平得不到提升，为沙俄后期少数民族文盲率高、生活贫困等状况埋下了伏笔。

二、苏联时期的民族教育政策

"十月革命"后，列宁成为俄罗斯苏维埃社会主义共和国的领导人。在民族政策方面，列宁继承和发展了马克思的民族理论。列宁提出，"废除等级制，全体公民不分性别、宗教信仰和种族，一律平等，任何民族不得享有特权"。列宁还提出了民族自决的理论观点。这些都为俄罗斯少数民族的教育发展提供了机契机。1918年1月28日，全俄第三次苏维埃代表大会通过了《关于人民委员会民族问题政策的决议》，明确提出，"建

---

① 青觉，栗献忠. 苏联民族政策的多维审视 [M]. 北京：中央民族大学出版社，2009：205.

立人民委员会，实现和维护民族自决的民族政策"。苏维埃政府为了改变沙俄时期"愚民政策"造成的人民受教育程度低、文盲率高的状况，于是在1921年3月15日召开的俄共（布）第十次代表大会上通过了《关于党在民族问题方面当前任务的决议》，其中就少数民族教育问题提出了以下三点内容：第一，允许和鼓励少数民族使用本民族语言，法院任职人员由熟悉该地区语言、生活习惯的当地人担任；第二，支持创办少数民族学校、报刊、剧院和一般文化教育机构，发展少数民族的教育和文化；第三，加强少数民族具有职业技术性质的培训，提高职业技术水平。[①]

　　苏联成立后，在1924年颁布了第一部宪法。苏联宪法对民族区域自治制度做了如下阐述：苏联是一个由各民族国家组成的政治共同体，成立之初由俄罗斯、乌克兰、南高加索联邦、白俄罗斯四个创始加盟共和国组成，每一个加盟共和国都是由一个或多个民族组成。也就是说，每个加盟共和国都是一个民族自治的区域和单位。当然，各加盟共和国必须在宪法规定的范围内行使权利。虽然1924年颁布的宪法提出了民族区域自治制度，却没有对"民族区域自治"做出系统而全面的解释与规定，也没有将民族自决理论上升到国家宪法层面上。到了斯

[①] 中国社会科学院苏联东欧研究所，国家民族事务委员会政策研究所. 苏联民族问题文献选编[M].北京：社会科学文献出版社，1987：45.

大林执政时期，苏联政府于1936年颁布了第二部宪法。这部宪法在民族区域自治方面的突出内容是，明确了所有民族自治地区与上级单位的关系，使民族区域自治制度更加系统化、体系化。该部宪法明确了民族平等权问题，在禁止民族歧视、反对民族特权等方面的内容进行了细化。

（一）苏联时期的民族语言政策

语言政策是一个国家制定民族政策的重要体现，也是民族政策的重要组成部分。苏联作为一个多民族国家，民族语言种类繁多，如何制定合理的民族语言政策，是一个非常棘手的问题。从"十月革命"胜利后到苏联解体这段时间，民族语言政策并非一成不变。苏联时期的语言政策大体可分为以下三个阶段：

第一阶段是"多元化时期"，即从在"十月革命"胜利后至20世纪30年代。1917年11月15日，列宁和斯大林共同签署的《俄罗斯各民族人民权利宣言》中明确指出，"坚持各民族平等原则，保持民族语言平等，废除俄语的特殊化"。同时，在1924年的苏联宪法中，废除了强制使用俄语的规定，帮助少数民族发展本民族的语言，支持语言的地方化，在公众场所和日常生活中可以使用本民族语言。从此，民族语言向多元化方向发展。

第二阶段是"双语制时期"，即从在20世纪30年代到50年代。这一时期，民族语言政策开始向双语制发展，即在少数民族聚居区，俄语和少数民族语言可以共同使用。在一些少数民族地区的政府机构，开始使用少数民族语言。同时，学校开设了俄语版的地理、历史等课程。20世纪30年代以后，苏联社会已经进入平稳发展的阶段，一些民族之间的语言和文化存在差异，对国家统一发展带来一定的阻力。为了使各地区保持协调与流通，苏联政府在1938年发布了《关于民族共和国和民族自治州必须学习俄语》的决议，规定少数民族要在学习本民族语言的基础上学习俄语。

第三阶段是"俄语化时期"，即从20世纪50年代到80年代。这一时期，苏联政府开始大力推广和普及俄语，民族语言的地位大大下降。到了20世纪70年代，掌握俄语的少数民族人数占少数民族总人数的62%。

在苏联时期，民族语言政策的特点可以归纳为以下三点。

第一，文字的变革和发展。文字是一个民族文化、教育和语言的载体。"十月革命"胜利后，虽然当时使用的民族语言多达100多种，但民族文字只有19种，并且大部分民族文字书写烦琐，不易学习。为此，苏维埃政府决定成立专门的文字改革机构，推行民族文字改革。到了1932年，民族文字改革全部完成，一些人口较少的民族也有了本民族的文字，这为少数民族的教育和文化发展奠定了基础。

第二，语言教学的发展。为了促进少数民族语言的发展，苏联政府开始鼓励各地方创办少数民族学校，培养少数民族教师。部分高等学校开始成立少数民族语言学科，专门培养少数民族语言的师资。到了20世纪30年代，苏联的少数民族师范院校发展到了85所，少数民族人民受教育程度大大提升。[①]

第三，民族语言政策由多元化向单一制过渡。20世纪30年代以后，苏联的民族语言政策开始脱离马克思主义路线，并错误地转向了"大俄沙文主义"。由此可见，民族语言政策的变化与苏联高度集权的体制保持一致。苏联后期的民族语言政策引起了少数民族的严重不满。为了缓解社会矛盾，苏联当局决定将民族语言政策转向民主化，但未能改变其解体的后果。

（二）苏联时期的少数民族教育政策

苏联时期少数民族教育政策及其文化事业的发展，主要体现在以下三个方面。

第一，消除封建教育的阶级性和种族性。苏维埃政府成立之初，提出了全国人民享有平等的受教育权。

第二，加大教育经费的投入，大力发展民族教育。例如，在20世纪40年代，苏联政府对哈萨克斯坦地区的教育拨款为

[①] 青觉，栗献忠. 苏联民族政策的多维审视[M]. 北京：中央民族大学出版社，2009：195.

6.86亿卢布，而到了20世纪50年代增加到了13.6亿卢布。[①]全国范围内的初等教育一律免费。

第三，发展少数民族地区的基础教育，开展扫盲运动，提高少数民族受教育的水平。1919年12月26日，俄罗斯委员会通过了《关于扫除俄罗斯社会主义联邦共和国居民的文盲》，明确提出："凡是共和国居民，年龄从8岁到50岁，不能书写本民族文字和俄文的，进行强制性识字教育。"1976年，苏联政府宣布，全国范围内已完成义务教育的普及工作。

第四，发展少数民族地区的高等教育，培养少数民族人才。苏联政府为了更好地管理少数民族事务，有针对性地处理族际间文化、风俗、生活习惯等方面的问题，用本民族人才进行民族事务管理成为一种行之有效的方法，而培养受过高等教育的少数民族人才成为当务之急。在第一个"五年计划"期间，苏联大力创办少数民族高等学校。例如，在第一个"五年计划"期间，乌克兰的高等院校由原来的39个发展到203个，白俄罗斯的高等院校由原来的4个增加到31个。到了20世纪70年代，苏联各加盟共和国的高等院校数量急剧增加。同时，苏联时期的文化事业也得到快速发展，各种科研机构、电影院以及博物馆的数量大大增加。

[①] 青觉，栗献忠. 苏联民族政策的多维审视[M]. 北京：中央民族大学出版社，2009：209.

三、当代俄罗斯的民族教育政策

（一）少数民族的立法保障

随着世界范围内文明程度普遍提高，世界各国高度重视对少数民族的保护问题。在联合国的号召下，世界各国达成了保护少数民族的国际公约。1992年，俄罗斯颁布了《少数民族权利宣言》。该文件界定了少数民族的基本权利，比如：使用本民族语言的权利，参与国家公共生活的权利，创建本民族组织的权利等。

俄罗斯非常重视对少数民族的立法保护。在现行的俄罗斯宪法中，其第2章第19条明确指出，"禁止以社会、种族、民族、语言或宗教信仰为由限制公民权利"。俄罗斯宪法承认少数民族是国家法律的主体。宪法第2章第26条规定，"人人有权决定和表明其国籍"。本条第2款规定，"每个公民都有使用母语并自由选择语言交流的权利"。宪法第2章第71条和第72条提到，保护公民权利自由以及保护少数民族的权利，保护人口较少民族的原始栖息地和传统生活方式。俄罗斯政府有义务在各族人民人权被侵犯的情况下按照刑法规定实施保护措施。同时，俄罗斯以宪法、国际法为核心，构建了完善的少数民族保护与发展的法律体系。例如，《俄罗斯社会主义联邦民族语言法》（简称《民族语言法》）是俄罗斯第一部有关民族语言的法规，并沿用至今。1992年颁布的《俄罗斯教育法》是俄罗斯的

第一部教育法规。该法规在语言教育、基础教育、学校设置、教育权与受教育权等方面做出了明确的规定。[①] 2012年，俄罗斯政府又重新修订了《俄罗斯教育法》，新颁布的《俄罗斯教育法》第3条明确规定，"每个人都有受教育的权利，不允许任何人歧视少数民族"。[②]

（二）民族语言教育政策

在俄罗斯，每个加盟共和国有权使用自己的民族语言。根据俄罗斯2002年的人口普查结果显示，俄罗斯境内有约160多个民族，绝大多数人属于俄罗斯族（约占总人口的81%），俄罗斯境内实际使用的语言约有150种，其中大约有100种语言是俄罗斯的土著语言。俄罗斯的民族语言以多样化为特征。俄罗斯民族语言的使用人数差异较大，有的语言使用人数超过1.2亿，而有的语言使用人数只有几百人。俄罗斯现行宪法第68条规定："俄语是俄罗斯在其领土内的国家语言，每个公民拥有选择语言的权利……每个公民都有使用本民族语言的权利，在通信、教育等方面拥有语言选择权。"

——————

① 卞继华. 俄罗斯的民族语言政策研究：由多元化向俄语化的发展 [D]. 上海：上海外国语大学，2014：37-38.

② Minority Rights Group International. Права меньшинств в Российской Федерации Обзор Законодательной Базы[EB/OL]. [2020. 11. 25]. http: //www. minorityvoices. org.

总之，虽然许多民族语言可以在一起使用，但俄语仍然具有其他语言无法替代的优势。因此，俄罗斯语言政策的基本原则是：以俄语为核心，同时确保语言的多元化发展。当前，俄罗斯民族语言的教育政策可以归纳为以下几点。

第一，维护俄语的权威性，在法律上确保俄语的国语地位。1991年颁布的《俄罗斯苏维埃联邦社会主义共和国民族语言法》明确指出，俄语具有作为国家通用语言的国语地位。2005年颁布的《俄罗斯国家语言法》第1条明确指出："俄语作为俄罗斯的国语，具有促进各民族相互了解和巩固民族关系的作用。"① 《俄罗斯国家语言法》同时指出，俄语具有继承和发扬民族精神的重要作用。为了确保俄语的国语地位，俄罗斯宪法明确规定，各个加盟共和国有权使用本民族的语言，也可以使用俄语。例如，在鞑靼斯坦共和国的宪法中明确规定，鞑靼语和俄语在国家事务中具有同等地位，这两种语言都是鞑靼斯坦共和国的国语。这种语言政策与苏联时期的"双语制"不同，俄罗斯时期的语言制度更具灵活性，并且在一定程度上维护了民族的统一与稳定。

第二，发展本民族语言的权利和平等的受教育权。人口较少的民族失去母语的一个重要因素在于，这些语言已经失去了

---

① 阿依提拉·阿布都热依木. 俄罗斯联邦的语言教育政策[J]. 民族教育研究，2016
（1）：121.

沟通与传播的价值和作用。俄罗斯宪法和《俄罗斯教育法》明确规定，所有公民都享有平等的受教育权、选择语言的权利以及自由发展的权利；所有公民具有发展本民族语言、文化和民族教育的权利。

第三，给予政策支持。目前，俄罗斯一些少数民族地区仍处于落后状态，其经济发展落后，少数民族的生活水平和教育水平低下。进入21世纪，俄罗斯社会处于稳定发展阶段，政府大力支持少数民族事业的发展，在少数民族地区建立全日制民族语言学校，并设立专项发展资金，提供财政保障。从政策实施效果上看，一方面，俄罗斯把俄语作为国语，维护了俄罗斯教育的统一和文化的融合，培养了民族精神；另一方面，与以往相比，俄罗斯现行的民族语言教育政策更容易被少数民族接受。[①]

（三）民族文化自治政策

目前，民族成分的复杂性、民族文化的多样性是俄罗斯政府不得不重视的问题。相当一部分俄罗斯公民认为，各民族之间的紧张关系会对人身安全构成一定的威胁。一项调查统计数据显示，有30%至70%的被访者认为，民族关系存在"一定程

---

① 阿依提拉·阿布都热依木. 俄罗斯联邦的语言教育政策[J]. 民族教育研究，2016（1）：121.

度的紧张感"或"孕育着强烈的冲突与紧张感";有30%至50%的被访者认为,地方当局没有充分考虑到国家的利益;有40%至60%的被访者认为,媒体没有如实报道国家的问题;75%的被访者认为,政府应该支持少数民族,保护他们的习俗和传统;82%的被访者认为,"如果这些民族保留其特有的传统和习俗,将对社会更好"。①

俄罗斯的民族发展历程表明,少数民族地区的教育水平相对落后,社会问题较多。俄罗斯政府对民族教育问题的重视,也体现在对具有共同象征意义的语言词汇的使用上。自20世纪90年代起,有越来越多的俄罗斯民众选择使用"我们的过去和历史""我们的土地"等象征性词汇。

俄罗斯独立后,吸取了以往的经验和教训,在民族文化方面采取了民族文化自治方式。俄罗斯的民族文化自治是一种民族文化自决权,是俄罗斯公民在自愿组织的基础上,在少数民族地区认同某一民族的社会行为。民族文化自治的组织是一个公共组织。民族文化自治方针落实的区域可以是某个地区,也可以是整个联邦。俄罗斯宪法和俄罗斯民族文化自治联盟主体法律,能够保障公民参与民族文化自治活动的权利。参与或不参加民族文化自治活动,不能作为限制俄罗斯公民权利的条件,

---

① Перепелкин Л.С., Размустова. Т. О. Культурная Политика и Культурное Разнообразие в Современной России[J]. Обсерватория Культуры, 2004 (1).

国籍也不能成为限制其参与或不参加民族文化自治活动的理由。同时，行使民族文化自治权，不应损害其他民族的利益。民族文化自治使俄罗斯文化更加丰富多样。

　　总之，当代俄罗斯的民族教育政策是以民族区域自治和民族文化自治为基础，是通过民族语言教育和文化政策来实现的。与苏联时期相比，当代俄罗斯的民族教育政策目标更加明确，民族学校拥有更大的自主权。2006年，俄罗斯发布了《俄罗斯民族教育政策的构想》，该文件明确规划了俄罗斯民族教育需要尽快解决的问题、未来发展方向及其制定政策的基本原则。民族自治区域内的民族学校对教学标准、课程计划有了更大的自由选择权，可以根据本民族的文化发展水平、风俗和习惯等因素来制定相应的教育方案。

　　进入21世纪，俄罗斯各民族的教育得到了快速发展。当然，当前俄罗斯的民族教育仍存在许多问题，例如，中央和地方教育政策不统一，双语教学缺乏理论指导等。[①] 因此，如何建构完善、合理的"一主多元"的民族教育体系，对俄罗斯的少数民族教育发展尤为重要。

---

① 阿依提拉·阿布都热依木.民族政策推动下的俄罗斯民族教育发展及其政策特征[J].比较教育研究，2012（2）：63.

乌克兰的民族教育政策

第一节
乌克兰概况

一、自然概况

乌克兰地处欧洲东部，黑海、亚速海北岸，北邻白俄罗斯，东北接俄罗斯，西连波兰、斯洛伐克、匈牙利，南与罗马尼亚、摩尔多瓦毗邻。乌克兰的地理位置极为重要，在历史上属于兵家必争之地。乌克兰的国土面积为60.37万平方公里，东西长1300公里，南北长900公里。[①]

受大西洋暖湿气流的影响，乌克兰大部分地区为温带大陆

[①] 中华人民共和国驻乌克兰大使馆.乌克兰概况[EB/OL]. [2020. 06. 24]. https:// www.fmprc.gov.cn/ce/ceukr/chn/zwgx/wklgg/t1792065.htm.

性气候，冬季平均气温为零下7.4℃，夏季平均气温为19.6℃。乌克兰东南部的年平均降水量为300毫米，西北部的年平均降水量为600毫米，降水量主要集中在每年的六七月份。

乌克兰拥有丰富的水资源，疆域内河流众多。据统计，乌克兰境内100公里以上的河流多达116条，境内的第一长河为第聂伯河。在乌克兰，60%的土地为黑土地，占世界黑土总量的25%。乌克兰拥有天然的农业发展优势，是世界第三大粮食出口国，被誉为"欧洲粮仓"。同时，乌克兰的森林资源十分丰富，境内森林覆盖率达到43%。在矿产资源方面，乌克兰已探明有80多种可供开采的富矿，主要包括煤、铁、锰、镍、钛等多种矿产资源，并且广泛分布在乌克兰境内的7000多个地区。目前，乌克兰已有4000多个地区的矿产资源得到开采与生产。乌克兰的铁矿石和锰矿石的储量位居世界前列，但石油和天然气资源十分匮乏，国内90%的石油需要从国外进口。[①]

二、人文概况

（一）乌克兰曲折的政治之路

乌克兰的政治道路既曲折又艰辛。历史上，乌克兰是古代

---

① 中华人民共和国驻乌克兰大使馆.乌克兰概况[EB/OL]. [2020. 06. 24]. https://www.fmprc.gov.cn/ce/ceukr/chn/zwgx/wklgg/t1792065.htm.

基辅罗斯的核心地域，也是最早产生与发展近代俄国资本主义的地区。"乌克兰"一词最早出现在1187年的《罗斯史记》中。[①]东斯拉夫人是乌克兰民族的祖先，但乌克兰民族形成的时间较晚。直到14世纪，乌克兰民族才从东斯拉夫人当中慢慢分离出来。从10世纪开始，乌克兰地区形成了古罗斯部族，并且慢慢发展成了基辅罗斯国家。12世纪，古罗斯部族逐渐分裂成俄罗斯人、乌克兰人和白俄罗斯人三个支系。13世纪，基辅罗斯被蒙古人的金帐汗国统治。从14世纪开始，乌克兰人开始脱离古罗斯部族，成为具有独特的语言、文化和生活习俗的民族。13—15世纪，乌克兰人先后抗击了蒙古人、日耳曼人和土耳其人的入侵。

从14世纪开始，乌克兰人先后经历了立陶宛大公国和波兰王国的统治。17—19世纪，在第聂伯河中游一带，以基辅、波尔塔瓦和切尔尼戈夫为中心，逐渐形成了现代的乌克兰民族。1648年，乌克兰人建立的哥萨克酋长国拒绝接受波兰贵族的控制，于是在赫梅尔尼茨基领导下举行了起义，史称"赫梅尔尼茨基起义"。1654年，赫梅利尼茨基与沙皇签订了《佩列亚斯拉夫和约》，乌克兰正式纳入俄罗斯帝国的版图之中。

---

① 张淑伶.乌克兰首都基轴以悠久历史众多古迹优美风光名冠世界[J]. 中国地名, 2013（2）：79.

1917年末，乌克兰东部地区成立了乌克兰苏维埃政权，并建立了乌克兰苏维埃社会主义共和国。乌克兰西部地区则被波兰占领，就此形成了"东乌"与"西乌"两大部分。1922年苏联建立后，东乌成为苏联的加盟共和国，而西乌则根据苏联与波兰签订的《里加条约》，成为波兰的领土。这一局面一直持续到"二战"爆发前。1939年，德国迅速占领了波兰，这为乌克兰的国家统一提供了契机。东乌的乌克兰苏维埃社会主义共和国政权与德军展开了激烈的斗争。1941年6月22日，德国撕毁了《苏德互不侵犯条约》，以闪击战的方式对苏联发动袭击，苏德战争爆发。不久，德军快速占领了东乌。同年11月，苏军又重新夺得对东乌的控制权。直到"二战"结束后，西乌才真正并入乌克兰苏维埃社会主义共和国，完成其领土统一。到了苏联后期，苏联政府对各加盟共和国的控制大不如前。戈尔巴乔夫上任后，苏联社会的各种矛盾开始凸显，民族主义思潮迅速传播，苏联国内逐渐出现多元化的发展趋势，中央政府慢慢失去对各加盟共和国的控制权，社会持续动荡不安。乌克兰由此开始了国家独立的进程。

1990年7月16日，乌克兰议会通过了《乌克兰国家主权宣言》，标志着乌克兰结束了与俄罗斯长达300多年的结盟历史，成为一个独立国家。同年，克拉夫丘克当选为乌克兰历史上第一任总统。1996年，乌克兰通过了新宪法，宪法明确规定：乌克兰是一个具有主权、独立和民主的法治国家，实行总统议会制，总统任期为5年。然而，乌克兰的政治探索之路并不顺利，其政体一直在总统议会制与议会总统制之间摇摆。[①] 2006年，乌克兰政体由原来的总统议会制改为议会总统制。[②] 2010年10月，乌克兰政体重归总统议会制。2014年，乌克兰又恢复了2004年的宪法，该宪法明确规定："乌克兰政体回归议会总统制，加强议会和总理的权力。总统对总理的提名须经议会建议并由议会任命。除外交部长和国防部长外，内阁成员由总理提名，是由议会委任。地方政府的主要官员由总统根据内阁建议任命，但总统无权罢免。"[③]

目前，学术界对乌克兰的政体变化存在一定的争议。乌克兰在不同时期的政体存在不同的称谓，如总统制、半总统制、总统议会制、议会总统制、总理议会制、混合选举制等，这表明乌克兰的政治转型尚未结束，政治发展具有不确定

---

① 赵会荣. 当前乌克兰政治基本特征与影响因素[J]. 俄罗斯学刊，2016（32）：62.

② 在总统议会制中，总统是国家的首脑和最高行政长官，有权组建内阁和任命总理。因此，在总统议会制的国家体制下，总统的权力非常大。在议会总统制下，总统的权力被大大削弱，而议会的权力则大大加强。

③ Верховна Рада Україна. Конституция Украины（Ведомости Верховной Рады Украины, 1996, №30, ст. 141）[EB/OL].［2018. 11. 12］.http：//iportal. rada. gov. ua/ uploads/documents/27396. pdf: 1, 23-24.

性。① 而2014年爆发的乌克兰危机，则加剧了乌克兰国内的紧张局势。可以说，乌克兰的政治转型不仅是政治多元化和经济市场化的过程，也是政治西方化和经济融入全球化的后果。驱动国家政治转型的动力不仅有国内因素，还有国际环境的影响。② 由于乌克兰的版图处于欧盟与俄罗斯之间，因此，乌克兰受地缘政的治影响较大，其政治转型必然受到来自美国、欧盟与俄罗斯的影响。近年来，由于克里米亚事件③导致乌俄关系更为紧张，军事摩擦不断，乌克兰的政治转型之路更加艰难。

（二）乌克兰在经济、文化、教育等方面的发展情况

在经济上，乌克兰的农业和工业发展较好。其中，农业产值约占GDP的20%。据统计，2011年乌克兰农业产值为2651亿格里夫纳（约合330亿美元），比上一年增加了17.5%；全国粮食产量达到5670万吨；畜牧业同比增长了3.5%。重工业在工业总

---

① Верховна Рада Україна. Конституция Украины（Ведомости Верховной Рады Украины, 1996, №30, ст. 141）[EB/OL].［2018. 11. 12].http：//iportal. rada. gov. ua/ uploads/documents/27396. pdf：1, 23-24.

② 张弘. 地缘政治对政治转型的影响：条件、方式和后果 —— 以乌克兰为案例[J]. 俄罗斯学刊，2016（5）：47.

③ 2014年3月，乌克兰克里米亚自治共和国并入俄罗斯。自2014年3月18日开始，俄罗斯接管了该领土，建立了克里米亚联邦管区，下设两个联邦主体，即克里米亚共和国和塞瓦斯托波尔市。

产值中占有主要地位。2011年，乌克兰的工业产值达到1.12万亿格里夫纳（约1396亿美元）。尽管如此，乌克兰的经济发展道路并不顺利。自乌克兰独立以来，经济停滞或衰退成为一种常态。即使在1991—2012年的无战事期间，乌克兰的经济仍处于负增长状态。乌克兰的经济也有好转的时候，但受全球经济的影响较大。特别是在2008年，乌克兰受国际金融危机的影响，GDP极速下降，国内企业破产、汇率波动、通货膨胀等现象持续不断。"2009年，乌克兰的GDP下降了14.8%，是当时全球经济下降平均值的7倍。"①

直到2012年，乌克兰经济出现了恢复性增长，但政府的财政状况并没有得到改善。为了应对国际金融危机的影响，乌克兰政府采取了谨慎的财政政策，进一步减少财政赤字，努力发展经济。工业、农业、交通基础设施等产业成为经济增长的主力军。随着农业的大丰收，乌克兰政府的债务增长势头得到抑制，外商直接投资不断增加，居民的实际收入也增加了。

然而，好景不长。2014年爆发的乌克兰危机，使国内局势紧张起来。自2014年开始，乌克兰的外汇收入不断减少，国家

---

① Публикация Документов Государственной Службы Статистики Украины. Национальные Счета Украины за 2004–2015 гг [DB/OL]. [2018. 11. 15]. http://www.ukrstat.gov.ua.

财政十分紧张，经济不断下滑。"依据世界银行(World Bank)公布的1990—2014年的经济数据，在全球166个国家中，只有5个国家出现了负增长，其中乌克兰经济的负增长率最高，为-35%。"①

2015年初，乌克兰经济出现严重危机。"2015年，乌克兰的GDP比上一年下降了17.6%。其中，工业产品的产量下降了21.4%，农产品产量下降了4.7%，下降幅度最大的是出口行业。"② 可以说，在内部因素和外部因素的共同作用下，乌克兰的经济不断恶化。乌克兰政府丧失了对内部的控制力，导致政治危机和经济危机同时出现。"意志不坚定且不稳定的政府无法保证其权威性和政策的连续性。同时，政府缺乏有效的改革措施以及对危机的管理和控制能力。"③ 由此可见，乌克兰的经济受全球经济的影响较大，而来自美国、欧盟和俄罗斯的影响更加突出。

在文化方面，乌克兰政府努力发展乌克兰文化。乌克兰文化主要是指乌克兰民族的文化。乌克兰民族先后经历了蒙古、立陶宛、波兰、沙俄的统治。到了苏联时期，乌克兰又

---

① 徐林实，等.俄乌冲突下的乌克兰经济[J].东北亚论坛，2017(1)：65.

② 同上。

③ 徐林实，等.乌克兰社会经济发展现状对投资环境影响分析[J].哈尔滨商业大学学报，2016(5)：47.

作为创始加盟共和国加入了苏联，直到1991年才真正独立。可以说，其他民族文化对乌克兰民族的影响极大。其中，乌克兰民族受到俄罗斯文化的影响最大。因此，独立后的乌克兰一直推行"去俄罗斯化"政策，对本民族文化的发展极为重视。

乌克兰民族的文化还是整个乌克兰国家的文化。乌克兰宣布独立后，迫切需要在文化领域建立法律规范。因此，1991年5月23日，最高拉达（议会）通过了《乌克兰教育法》。乌克兰政府认为，学校是国家精神和社会经济发展的基础。内阁批准了全面的国家教育计划，该计划基于教育、科学和文化，要求国内经验和国际经验紧密结合，目标是将国内教育水平提高到世界先进水平。[1] 确立这一目标的重要标志是：乌克兰最高拉达于1992年2月19日通过了"文化立法基本原则"。目前，乌克兰文化政策的主要内容包括：为文化组织机构及活动提供法律保护，支持发展民族文化，避免政治或行政干预；在发展过程中保持文化的独立性，以确保创作的自主性；进一步发展传统文化等。据统计，到2010年底，乌克兰共有138个国家级剧院，478个博物馆和206万个图书馆，

---

① Gm3d.Ru.Украинская Культура: Развитие и Современное Состояние[EB/OL].
[2018. 11. 18]. http://gm3d.ru/referaty_po_kulturologii/referat_ukrainskaya_kultura_razvitie_i.html.

图书馆馆藏图书达3.52亿册。全国文化与文物古迹等保护单位达1.88万个。①

在教育方面，乌克兰已经建立了合理且完整的教育管理体制。全国的教育核心部门是乌克兰教育与科技部，该部门拥有统筹全国教育工作的重要责任，同时对国家教育法案的制定也起着重要作用。地方教育事务主要由地方政府的教育主管部门落实。乌克兰当前的学校教育体系主要由学前教育、初等教育、普通中等教育、职业技术教育、高等教育组成，还有校外教育、继续教育等。近年来，乌克兰的教育体系逐渐得到完善。截至2010年12月30日，乌克兰共有975所高校。② 乌克兰的国立基辅大学、国立哈尔科夫大学、国立哈尔科夫师范大学等，在全球都享有很高的声誉。

在科技方面，乌克兰也是一个科技强国。在独联体国家中，乌克兰是仅次于俄罗斯的科技大国，这得益于苏联对航空航天、军工等领域的高度重视。苏联解体后，乌克兰保留了庞大且完整的科研生产体系。其中，在航空航天、军工等领域的企业有好几百家，专门的科研机构也有几十个，主要分布在乌克兰东部的一些城市。在航空航天和军工领域，比较有

---

① 中央机构编制网. 乌克兰国家概况[EB/OL]. [2020. 11. 25]. http: //www. scopsr. gov. cn/hdfw/sjjj/oz/201203/t20120326_56261. html.

② 同上。

代表性的机构是南方设计局和南方机械制造厂，先后设计并制造了乌克兰第四代战略导弹，其中还设计并制造了举世闻名的"Космос""Циклон -2""Циклон -3"等型号运载火箭，发射了"Океан"多功能遥感卫星。乌克兰还是"国际空间站计划"的成员，国际空间站建有"乌克兰舱"。1995 年，乌克兰与美国、俄罗斯、挪威合资建立了国际著名的"海上发射"企业，利用海上浮动发射平台，发射商用卫星。它们用的运载火箭就是乌克兰制造的"Зенит－3SL"运载火箭。另外，乌克兰在地球通信卫星、海洋资源卫星、空间遥感，小卫星应用等方面也拥有巨大的科技潜力。

第二节
乌克兰的民族政策

一、独立前的民族政策

（一）独立前的乌克兰民族状况

乌克兰民族是东欧地区的土著居民，在斯拉夫民族中人口数量排第二位。大多数人认为，乌克兰民族由东欧南部的古罗斯部族发展而来，并在9世纪末建立了一个强大的中世纪国家 —— 基辅罗斯。从14世纪开始，乌克兰民族成为一个独立的民族，并且拥有自己的语言、领土和文化。从此，乌克兰民族开始了反侵略、反殖民的艰难之路。可以说，乌克兰民族实现独立的过程是一个反抗外来侵略、实现国家独立自治的艰难历程。下面，我们梳理一下乌克兰独立之前的民族政策。

15世纪，俄罗斯人开始在乌克兰境内定居。19世纪末到20世纪初，由于第聂伯河顿巴斯工业的迅速发展，大量的俄罗斯工人搬迁到第聂伯河。在苏联时期，不少俄罗斯人移居乌克兰。当时，大多数俄罗斯人居住在城市，少数俄罗斯人住在农村。在乌克兰的少数民族人口中，犹太人排第二位，但他们在乌克兰的人数不断减少。白俄罗斯人排第三位，并且人数不断增加。1989年，乌克兰的白俄罗斯人超过了44万，其中约有80％的白俄罗斯人在城市生活。现阶段，白俄罗斯人主要生活在乌克兰东部和南部地区。此外，波兰族和罗马尼亚族也是乌克兰古老的少数民族。

综上所述，在乌克兰独立之前，境内的民族结构不是一成不变的。19世纪末，乌克兰族、犹太族、俄罗斯族、波兰族、德意志族成为人口较多的民族。在苏维埃共和国时期，乌克兰的民族结构发生了重大变化。犹太族、波兰族、德意志族、克里米亚鞑靼族的比例有所下降，而俄罗斯族的人口比例不断增加。当然，这与乌克兰国内政治力量的变化是分不开的。

（二）独立前的乌克兰民族政策

"一战"期间，占领东乌的沙皇俄国与占领西乌的奥匈帝国之间交战，乌克兰成为主要战场，乌克兰人受尽战争带来的疾苦。乌克兰人逐渐意识到，只有建立自己的国家，才能使民族真正获得独立，才能保证本民族语言和文化得到自由发展。从1917年开始，乌克兰各政党、各阶层开始了实现民族和国家独立的艰辛历程，被西方史学界称之为"乌克兰革命"。[①] 随后，乌克兰人尝试建立独立的国家，虽然以失败告终，却为之后的民族独立积累了丰富的经验。

乌克兰加入苏联后，虽然以国家形式存在，却没有太多的

---

① 李珍珍. 西方史学界对乌克兰革命（1917—1921）的研究 [J]. 俄罗斯东欧中亚研究，2015（2）：82.

自主权，国家颁布的法律、推行的政策受到苏联的控制与影响。1918年，乌克兰颁布了《乌克兰人民共和国宪法》，随后又在1919年3月10日第三次全乌克兰苏维埃代表大会上通过了《乌克兰苏维埃社会主义共和国宪法》。在1919年的宪法中关于少数民族的政策并未过多地提及，只是强调了"乌克兰境内各民族一律平等"。

乌克兰在加入苏联之前，本国的少数民族政策并没有太多的改变。"十月革命"胜利后，在俄国布尔什维克的领导下，乌克兰东部地区的人民建立了苏维埃社会主义共和国。这一时期的民族政策主要从稳定国家政权、加强各民族团结的角度制定的。

为了获得国内各民族的支持与信任，乌克兰苏维埃政府吸取了以往的历史经验与教训。一方面，乌克兰苏维埃政府努力消除俄罗斯帝国时期"俄罗斯化"政策造成的不良影响，以便增强各民族对乌克兰国家的认同感。从1920年起，乌克兰苏维埃政府开始推行本土化的民族政策，即在民族聚居区和少数民族地区推行当地民族的语言。其主要措施是：在选择和任用国家干部与公职人员时，优先考虑熟悉该地区民族语言、文化和传统习俗的优秀人才。

乌克兰加入苏联后，于923年实施了本土化政策，所以这时期被西方学界称为"乌克兰化"。与之前相比，这次推行的本土化政策更加注重乌克兰民族的利益。乌克兰当局积极推广乌克兰语，推动乌克兰文化与教育事业的发展，但很少重视乌克兰境内少数民族的教育与语言问题。这使乌克兰境内的少数民族对苏联当局十分不满，也为后来的乌克兰独立埋下了种子。

到了苏联后期，僵化的苏联模式已经不能适应乌克兰的发展要求，乌克兰国内要求独立的呼声越来越高。为了获得境内少数民族的支持，乌克兰当局开始重视并制定少数民族政策。在独立前夕，乌克兰当局发表了《乌克兰主权宣言》，宣言明确规定："乌克兰苏维埃社会主义共和国作为独立的主权国家而存在，并为乌克兰境内的所有人民提供保护。"《乌克兰主权宣言》也明确规定了以下民族权利：共和国具有独立解决乌克兰在科学发展、民族教育等问题上的权利，保障生活在共和国境内的所有民族享有自由发展本民族语言和文化的权利；共和国确保乌克兰人民的文化复兴；共和国境内的民族、文化等完全属于共和国人民的财产。可以说，《乌克兰主权宣言》的颁布，使乌克兰的独立事业得到了更多人的支持。乌克兰独立后，乌克兰当局不断完善了本国的民族政策。

二、独立后的民族政策

（一）当代乌克兰的民族状况

根据乌克兰国家统计局的数据，截至2018年1月1日，乌克兰的户籍人口为4221.6万人，常住人口为4238.6万人。目前，乌克兰已经成为在欧洲人口出生率最低的国家，其人口呈负增长状态。2016年，在乌克兰的出生人口为397万人，而死亡人数为583万人。[①]因此，对乌克兰来说，人口问题已经相当严峻。

当前，乌克兰境内大部分人属于乌克兰族。根据乌克兰政府2001年的人口普查数据，乌克兰族的人口比例占乌克兰总人口的77.82%。占第二位的是俄罗斯族，比例为17.28%。其他民族人口主要包括：白俄罗斯族（比例为0.57%），摩尔多瓦族（比例为0.54%），鞑靼族（比例为0.51%），保加利亚族（比例为0.42%），匈牙利族（比例为0.32%），罗马尼亚族（比例为0.31%），波兰族（比例为0.3%）等。乌克兰族是在乌克兰人口最多的民族，呈现相对聚居的特点。

除了乌克兰族，人口数量排第二位的是俄罗斯族。乌克兰的俄罗斯族，主要定居在卢甘斯克州、顿涅茨克州、扎波罗热州等地区。人口数量排第三位的是犹太族，他们主要生活在基辅市、敖德萨州、文尼察州等地区，城市人口较多，只有少部分人生活在乡村地区，而且很多犹太人都熟练使用俄语或乌克兰语。

---

① Википедия. Население Украины[EB/OL].[2018. 12. 22].https://ru. wikipedia. org.

民族的多样性使乌克兰像其他斯拉夫国家一样，民族问题成为国家政治生活中不可回避的重要问题。回顾斯拉夫国家的历史，每一次社会动荡或政权更替的背后，都存在民族问题的影子。在乌克兰独立前夕，当局为了获得国内少数民族的支持，给予少数民族在立法与物质上的保障。因此，他们制定的少数民族政策是成功的。然而，当前乌克兰的民族问题越来越突出。自2014年的克里米亚事件以来，乌克兰社会始终处于动荡状态，其主要原因有以下三点。

第一，政治因素。如前所述，自独立以来，乌克兰的政治道路非常曲折，尤其是自"橙色革命"爆发①后，乌克兰国内政局仍处于混乱状态。受地缘政治的影响，乌克兰在独立初期急于摆脱苏联的控制，照搬西方的政治模式，并进行政治体制改革。乌克兰实行的是三权分立政体，而该政体最大的特点是行政、立法和司法之间相互制衡，这就必然要求国家制定一部与

---

① 在2004年10月31日的乌克兰总统大选中，由于任何选手的票数没有达到法律规定的50%，所以需要在得票最多的两名选手——维克托·尤先科和维克托·亚努科维奇之间进行投票。然而，众多的乌克兰国内报道说，亚努科维奇之所以获胜，是因为其存在舞弊行为。这次选举导致乌克兰出现巨大的抗议浪潮。尤先科在选举活动中使用橙色作为其代表色，所以这场抗议活动把橙色当成抗议者的颜色。选举结果被公布后，上百万民众聚集在基辅市中心，之后全国爆发了一系列的抗议、静坐、大罢工等事件。迫于压力，乌克兰最高法院宣布这次选举结果无效，并规定在2004年12月26日重选。尤先科在这次重选中获得了52%的选票，当选为新一任总统。2005年1月23日，尤先科正式入职，标志着这次选举的最终胜利。

西方民主体制相适应的宪法，并对各部门的权力做出明确的界定。然而，乌克兰独立后的宪法在1996年才颁布。由于改革者操之过急，同时缺乏经验，乌克兰的政治改革最终以失败告终，改革的失败加剧了国内矛盾，为后来的"橙色革命"和民族分裂埋下了祸根。①

乌克兰政治改革失败的另一个原因是外部因素的干扰。在外交政策上，乌克兰东部地区的民众更希望与俄罗斯交好；而乌克兰西部地区的民众则认为，乌克兰的外部危险仍然是俄罗斯，所以乌克兰应该加强与美国等西方国家的联系，以达到制衡的目的。乌克兰政体一直在"总统议会制"与"议会总统制"之间摇摆不定。乌克兰政府政治上的不成熟使国内政局一直处于不稳定状态，社会动荡不安，国民的安全感大大下降，这就造成了乌克兰境内各民族对乌克兰政府存在诸多不满。

第二，经济因素。如果说乌克兰的政治改革失败导致了乌克兰社会动荡不安的局面，那么经济发展缓慢、人民生活困苦成为乌克兰各族人民对政府不满的根本原因。独立后的乌克兰在政治上急于摆脱苏联的控制，在经济上为了改变苏联时期的僵化经济模式，当局决定进行私有化改革。然而，私有化改革导致了严重的经济腐败和国有资产流失，国内出现了严重

---

① 王鹏辉. 乌克兰独立后的国家认同 [D]. 上海：上海师范大学，2018：18.

的经济危机。"根据1995年乌克兰私有化改革的调查数据，只有31.4%的乌克兰人认为，他们能从私有化当中受益；而对乌克兰推行的自由价格制度，公民的满意率较低，仅有23.8%；54%的乌克兰人认为，政府为居民提供基本生活必需品具有不可推卸的责任。"[①] 1990—1999年，乌克兰经济的平均增长率为-8.9%。在这十年当中，乌克兰的经济一直处于负增长状态，通货膨胀居高不下，经济停滞不前甚至出现倒退。因此，乌克兰民众的国家独立信念出现了动摇。"20世纪90年代的一系列调查表明，乌克兰人对'独立国家'的概念不再过于执着。"[②] 2000—2008年，乌克兰的经济出现好转，但2008年以后，乌克兰受国际金融危机的影响巨大，经济再度出现负增长。"据世界银行报告显示，在2005年，乌克兰的全国人均收入只有1520美元。"[③] 同时，乌克兰的经济呈现不平衡发展状态，东部和西部之间差异较大。在部分少数民族聚居的地区，经济水平远远落后于乌克兰族聚居的地区。这也导致乌克兰少数民族出现不满情绪。

第三，文化因素。乌克兰是古罗斯部族的形成之地，曾

[①] 保罗·库比塞克. 乌克兰史[M]. 颜震，译. 北京：人百科全书出版社，2009：167.

[②] 王鹏辉. 乌克兰独立后的国家认同[D]. 上海：上海师范大学，2018：19.

[③] World Bank. World Development Report 1996: From Plan to Market[M]. New York: Oxford University Press, 1996: 173-174.

建立过基辅罗斯国家，有着悠久的历史。然而，对乌克兰民众来说，这是一个全新的国家。在1991年乌克兰独立之前，这块土地曾被多个国家统治，殖民国家的文化对乌克兰的统一带来了消极影响。由于各民族在语言、宗教、文字、传统习俗等方面存在诸多差异，所以他们的民族认同感相对较弱。

（二）当代乌克兰的民族政策

乌克兰政府于1991年8月24日发布了《国家独立宣言》，正式宣布脱离苏联，成为独立的国家。独立后的乌克兰在少数民族政策方面吸取了苏联时期的惨痛教训，政府对乌克兰境内的少数民族采取了宽容、保护的政策。这也是为了维护社会稳定，保证国家统一。例如，早在1990年，乌克兰国内的一些政治力量为了实现国家独立，曾向少数民族保证，要鼓励和支持少数民族事业的发展。此后，乌克兰在1990年7月16日通过的《乌克兰主权宣言》中明确表示："生活在共和国疆域上的所有人民，都有权发展自己的民族文化。"这为乌克兰政府制定少数民族政策奠定了法律基础。

1991年，乌克兰通过了《乌克兰各民族权利宣言》，目标是建立自由、独立、民主的国家。在《乌克兰民族权利宣言》第1条中明确规定，"乌克兰国家保障所有民族、民族团体和公民享有平等的政治、经济、社会和文化权利。人民代表和国家团体的代表通过平等选举而产生 …… 禁止任何民族歧视"。《乌克兰民族权利宣言》第3条规定，"乌克兰国家保障所有民族和民族团体使用其母语的权利，包括教育、生产、接收和分发信息的权利"。《乌克兰民族权利宣言》第6条提出，"乌克兰国家保障各民族建立本民族的文化中心、社会、社区、协会的权利。这些组织可以开展旨在发展民族文化，依照法律规定开展民族活动"。①

　　如果说《乌克兰各民族权利宣言》保障了乌克兰境内少数民族的合法权益，那么，在1991年10月颁布的《乌克兰国籍法》给予了非乌克兰族更大的宽容。该文件规定："从法律颁布之日开始，所有乌克兰居民自动取得乌克兰国籍。"乌克兰当局通过采取一系列宽容、保护的民族政策，使刚刚独立的乌克兰社会迅速稳定下来，并得到乌克兰境内各民族的支持。1991年11月，由乌克兰议会和部长议会联合主持召开的一次乌克兰族际会议上，乌克兰政府获得了乌克兰少数民族代表的一致支持。

　　1992年6月25日，乌克兰最高拉达通过了《乌克兰少数民

---

① Платформа Liga: Zakon. Декларация Прав Национальностей Украины（ВР Украины Декларация от 01. 11. 1991 № 1771-XII）[EB/OL]. [2018. 12. 5].http://search. ligazakon. ua/l_doc2. nsf/link1/T177100. html.

族法》。该文件的核心精神在于：乌克兰承认并尊重人权和民族权利，落实《乌克兰少数民族权利宣言》，保障国家对少数民族自由发展的权利。该文件以《乌克兰各民族权利宣言》为基础，进一步完善了乌克兰境内少数民族的权利与义务。《乌克兰少数民族法》的第2条明确了乌克兰境内所有民族应遵守的基本义务：所有乌克兰公民都有义务遵守乌克兰的宪法和法律，保护其国家主权和领土的完整，尊重所有少数民族的语言、文化、传统、习俗以及宗教信仰。对少数民族而言，《乌克兰少数民族法》的第16条最有意义。该条规定，乌克兰政府要为少数民族的发展提供特别拨款，这就为乌克兰境内少数民族的发展提供了物质保障。[①] 1996年6月28日，乌克兰国家会议通过了自乌克兰独立以来的第一部宪法。宪法界定了中央和地方机构的组织原则、基本职责以及公民的权利、自由和义务。宪法的颁布为政治结构的有效重组以及经济的稳定发展奠定了法律基础。宪法确定了国家发展的基本方向、指导方针、政治制度及经济制度。在少数民族政策方面，乌克兰宪法明确规定："乌克兰的国语是乌克兰语。国家保障乌克兰语在境内各个领域中得到全面的发展和应用。同时，国

---

① Закон Украины "О Национальных Меньшинствах в Украине" от 25 Июня 1992 Года[EB/OL]. [2018.12.6].https：//mova. org. ua/avt/prav/10-zakon-ukrainy-o-natsionalnykh-menshinstvakh. html，2018.12.6.

家保障乌克兰少数民族语言得到自由使用，并提倡学习国际交流语言。"由此可见，乌克兰语受到国家宪法的保障。同时，乌克兰政府努力消除苏联时期俄语带来的影响。"乌克兰宪法规定，国家有义务促进乌克兰各民族的团结与合作，保护民族精神的传承，促进乌克兰所有土著居民和少数民族的文化、语言和宗教信仰的发展。"[①]因此，乌克兰境内的少数民族权益得到了最高立法的保障。

综上所述，乌克兰独立后，在少数民族理论与政策方面（尤其是在立法方面）取得了显著成就。虽然当前乌克兰社会处于动荡时期，经济、民族等方面的问题仍未得到解决，但乌克兰正通过各种方式加强民族团结与融合。

---

① Википедия. Конституция Украины 1996 Года[EB/OL]. [2018. 12. 25].https: //ru. wikisource. org/wiki/Конституция_Украины/Раздел_I.

第三节
乌克兰的民族教育政策

一、独立前的民族教育政策

独立前的乌克兰始终处于一种"被殖民"状态，民族教育政策深受殖民强国的影响。19世纪下半叶，乌克兰的文化发展是在殖民强国的统治下进行的。在这期间，乌克兰的教育水平十分低下，甚至连初级教育都未普及。直到19世纪60年代，乌克兰的教育才有了明显的变化。尽管乌克兰社会被两大帝国瓜分，但乌克兰国内的有识之士（特别是知识分子）对自己国家和民族的发展特别关注。当时在乌克兰境内，一大批知识分子积极参与创建星期日学校。1862年，乌克兰出现了许多用乌克兰文字出版的刊物和教科书，而沙皇政府强制关闭星期日学校，这些学校的许多组织者和教师被捕牺牲。

到了19世纪70年代，一些地方自治机构创办了新式学校，开设了历史、地理、数学等学科，还增加了财政拨款。从1871年到1895年，地方自治机构给学校的拨款增加了6倍。沙俄统治的乌克兰地区没有地方自治机构，小学教育系统由东正教教会负责管理。1881年颁布的教育法令要求神职人员进入各类小学。1884年，沙俄政府制定了设立教区学校的制度，并禁止乌克兰的语言文字出现在学校教学中。而在乌克兰西部，奥匈帝国政府于1869年宣布，要普及义务初等教育。然而，由于物质条件上存在诸多困难，许多乌克兰儿童仍然没有机会上学。此外，绝大多数学校都以语言教学为主。例如，在东加利西亚地区，以波兰语为主；在北布科维纳地区，主要以德语、罗马尼亚语为主；在喀尔巴阡山区，主要用匈牙利语进行教学。这就导致乌克兰人的识字率不高。城市人口的识字率很低，而山区人口的识字率就更低了。

进入20世纪，乌克兰推翻沙皇制度后，民族解放运动出现了高潮，为民族文化和教育的发展创造了条件。特别是在20世纪20年代，乌克兰的文化和教育开始出现好转，其中一个突出特点是：乌克兰所有学校全部对外开放。乌克兰政府要求所有中学的学生都要学习乌克兰的语言、文学和历史。因此，乌克兰的文学和艺术得到迅速发展，其主要的特征是：文学和艺术领域出现了不同的流派。20世纪20年代，受苏联政策的影响，根据民族自治原则，所有少数民族都有权利建立自己的学校，这为少数民族教育的发展创造了条件。

20世纪30年代被称为"乌克兰复兴时期"。当时，"乌克兰化"的政策对科学、教育和文化发展产生了强大的推动作用。乌克兰的少数民族教育也以"乌克兰化"为主。1927年7月6日，乌克兰通过了《关于确保语言平等权利和促进乌克兰文化发展》

的法令，该法令引入了俄语和乌克兰语。当时，大多数学校是乌克兰语学校。到20世纪30年代初，乌克兰语学校的数量不断增加，一些少数民族学校也改为乌克兰语学校。因此，乌克兰境内少数民族的教育并未得到应有的重视。

"二战"以后，苏联局势稳定。乌克兰的教育由"乌克兰化"转为"俄罗斯化"，最突出的表现是：在乌克兰境内全面推行俄语。因此，乌克兰语的地位大大下降。在苏联后期，全面的"俄罗斯化"使乌克兰人越来越不满。1989年10月，乌克兰政府颁布了《乌克兰语言法》，目标在于：用5—10年的时间使乌克兰语成为国家的官方语言。《乌克兰语言法》规定，在乌克兰族人口少于当地总人口的地区，准许把当地少数民族语言与乌克兰语一同作为官方语言使用。

在文化方面，《乌克兰主权宣言》明确规定，"居住在共和国国土上的所有民族，都有发展本民族文化的权利"，这对被压迫、被限制的乌克兰少数民族来说，无疑是"充满希望的曙光"。因此，乌克兰独立时少数民族给予了极大的支持。

二、独立后的民族教育政策

乌克兰的独立，标志着乌克兰进入了新的历史发展阶段。乌克兰独立后，乌克兰政府不仅在政治和经济上急于摆脱苏联的控制，而且在文化、语言、教育等方面也进行了全面的改革，目的在于实现国家的完全独立，建立一个全新的乌克兰国家。下面，我们对独立后的乌克兰在民族文化、教育、语言等方面的政策进行阐述。

乌克兰是一个多民族国家，因此，制定民族文化政策是乌克兰政府的重要工作。当代乌克兰的民族文化政策旨在保护乌克兰各民族发展语言和文化的权利与自由，避免政治或行政干预，在发展过程中展现应有的价值和独立性，为各民族人民的自由创作和文化遗产提供保护，并为恢复和发展乌克兰国家的民族文化多样性提供更有利的条件。乌克兰希望通过这种方式建立一个独立、民主、富强的乌克兰国家，所以在文化上选择了多元文化发展的道路，并把这种多元文化政策以法律形式确定下来。按照这一基本方向，在独立初期，乌克兰政府对少数民族的文化和教育事业的发展给予了极大的支持。

1996年的宪法对民族教育做出了明确的规定。例如，宪法第53条明确规定，每个公民都有受教育的权利，其中中小学教育是强制性的义务教育。国家确保提供完整的普通初等和中等教育，尽可能地保障学生的职业教育和高等教育；确保各种形式的教育落到实处。根据法律规定，公民有权在其母语学校学习母语。

　　20世纪90年代初，乌克兰政府创建了一大批少数民族学校，这些学校为少数民族教育的发展作出了重要贡献。在乌克兰教育主管部门的支持下，各地纷纷建立了处理学校问题的专门机构。

　　乌克兰政府对文化的复兴和发展也非常重视。对乌克兰来说，文化复兴战略是保护和发展乌克兰传统文化的动力。实施文化复兴战略，有利于各民族发扬自己的文化传统，促进整个社会形成民族认同感。例如，民歌创作是保存民间文化的重要方式，对保存语言、促进民族认同有重要作用。同时，为了帮助和支持艺术家和表演者，乌克兰政府以总统名义设立了各种基金。

　　乌克兰的多元文化策略和民族复兴战略对本国少数民族的发展起到了巨大促进作用。当前，满足乌克兰少数民族文化需求的一系列措施是根据乌克兰《少数民族文化发展综合办法》落实的。该文件明确了发展少数民族文化的办法：扩大国家对印刷、媒体的支持；增加乌克兰少数民族语言的广播时间；给予少数民族的社会组织与机构更多的支持；在区域中心建立历史博物馆，专门介绍少数民族的历史和文化；完善少数民族教育机构教学人员的培训制度。此外，乌克兰总统有义务制定和实施少数民族发展方案，确保乌克兰少数民族实现文化自治。

乌克兰出现了犹太人、匈牙利人、柬埔寨人的民族剧院以及民族音乐团体。国内少数民族文化社团有好几百个。乌克兰还出现了以罗马尼亚语、波兰语、匈牙利语、德语的广播和电视节目。例如，马里乌波尔的电台会定期用希腊语播放各种节目；在顿涅茨克地区，当地政府建立了一所民族大学。可以说，独立后的乌克兰，少数民族的文化和教育得到快速发展。从这个角度上看，乌克兰的民族政策是成功的。

乌克兰独立后，政府对制定有效的国家语言政策给予了极大的关注。如前所述，1989年，乌克兰颁布了《乌克兰语言法》；1996年，乌克兰颁布了独立后的第一步宪法，宪法对国家的语言政策做出了明确的规定。根据这两部法律，乌克兰语被赋予了国家语言的地位，国家确保乌克兰语在乌克兰各个领域全面使用。同时，乌克兰也确保俄语的正常使用，允许使用乌克兰少数民族的其他语言。

1991年，乌克兰政府就通过了恢复和发展少数民族教育的方案。该方案明确了如下规定：在2000年之前全面恢复少数民族教育机构的母语教学；更新少数民族儿童的教学内容；建立与国民教育发展有关的科学和教育研究；保证教育机构以科学的方法组织教学。乌克兰最紧迫和最困难的问题是恢复乌克兰语和少数民族语言。这一问题在乌克兰"橙色革命"前得到很好的解决。现在，乌克兰有2.1万所学校，其中包括

1.65万所使用乌克兰语进行教学的学校，3000所使用俄语进行教学的学校。

虽然乌克兰的法律明确强调了公民拥有选择语言的自由，但我们必须清楚以下两点内容。

第一，没有改变乌克兰语的国语地位。乌克兰宪法明确了乌克兰语作为国家语言的重要地位和作用。乌克兰政府认为，乌克兰语既是乌克兰国家的重要象征，也是乌克兰民族特征的独特表现形式，是民族文化的遗传基因。同时，发展乌克兰语也是加强民族团结与和谐、增强民族认同感的有效途径。因此，推行乌克兰语成为政府工作的一项重要内容。2004年，乌克兰发生"橙色革命"，以尤先科为首的乌克兰政治精英们全面推行乌克兰语，但相关问题也随之出现。"他们制定的语言政策没有考虑到其他少数民族的语言权利和民族情感，认为所有的少数民族语言都对乌克兰的独立和主权构成威胁，这当然是一种极端民族主义的表现。也正是在尤先科时代，因语言问题而产生的种族矛盾逐渐显现，语言问题也越来越多。"①

第二，语言政策上的"去俄罗斯化"。乌克兰历届政府在语言政策上的共识是"去俄罗斯化"。苏联中后期，俄语对乌克

---

① 李发元. 论国家层面语言政策制定对国内民族团结和睦的影响——以乌克兰为例[J]. 西南民族大学学报，2017（9）：58.

兰语的发展造成了严重的冲击。根据1989年乌克兰相关调查数据显示，在乌克兰境内的少数民族人口中，仅有9.7%的人能够使用乌克兰语，而在全国范围内能熟练使用乌克兰语的人占乌克兰总人口的78%。这当中，有72.7%的人属于乌克兰族，22.1%的人属于俄罗斯族，5.2%的人属于其他民族。^①熟练掌握俄语的人数与熟练掌握乌克兰语的人数基本相同，乌克兰政府也深刻地认识到这一点。1991—2008年，乌克兰政府先后出台了70多项限制使用俄语的相关法规，其中对教育、大众传媒、官方公文等领域的限制较多。这些法规大部分是由乌克兰历届政府的首脑签署的，拥有非常高的权威性，对限制俄语发挥了重要作用。^②乌克兰"橙色革命"之后，限制使用俄语的程度更加严重。乌克兰政府规定，从2005年起，任何法律诉讼必须使用乌克兰语。2006年，乌克兰政府又出台了一项政策，即国家公务人员必须进行乌克兰语水平测试。同时，乌克兰政府对俄语学校和俄语生源进行了限制。到2007年12月30日，乌克兰境内的俄语学校不足1000所，高校学习俄语的学生比例由2001年的25%下降到15%。乌克兰政府一系列限制俄语的措

---

① 李发元. 论国家层面语言政策制定对国内民族团结和睦的影响——以乌克兰为例[J]. 西南民族大学学报，2017（9）：58.
② 侯昌丽. 试析乌克兰语言政策的去俄罗斯化[J]. 西伯利亚研究，2012（3）：46-47.

施引起了国内俄罗斯族的不满。近年来，由于乌克兰政府采取了操之过急的语言政策，导致乌克兰社会动荡不安，民族矛盾不断激化，民族冲突经常发生，这也成为2014年克里米亚脱离乌克兰的重要原因之一。

目前，学术界存在两种完全相反的观点。一种观点认为，乌克兰政府充分考虑到了少数民族的合法权益。乌克兰独立后，少数民族权利的实施依据国际法和国内相关法律。这种多元化政策的实施使乌克兰这个多民族国家得到更大的发展，促进了社会和谐与稳定。但也有学者持反对意见，认为乌克兰并没有充分考虑到少数民族的合法权益。尤其是在近些年，乌克兰政府对少数民族的关注过少，甚至限制了他们的发展，因此，实行多元文化政策并不是明智之举。乌克兰民族的历史虽然悠久，但乌克兰毕竟是一个新生的国家，文化底蕴比较单薄，实行多元化政策容易使乌克兰文化受到冲击。不管如何，乌克兰的独立及其颁布的相关法规，在一定程度上推动了少数民族教育的发展。

白俄罗斯的民族教育政策

第一节
白俄罗斯概况

一、自然概况

白俄罗斯共和国（简称"白俄罗斯"）位于东欧平原西部，东邻俄罗斯，北面和西北面分别与拉脱维亚和立陶宛交界，西面与波兰毗邻，南面与乌克兰接壤。白俄罗斯的国土总面积为20.76万平方公里，疆域内以平原为主，平均海拔为106米，地势较低，并且湿地较多。① 虽然白俄罗斯属于内陆国家，但水资源极

① 中华人民共和国外交部. 白俄罗斯国家概况 [EB/OL]. [2021.08.01]. https:// www.fmprc.gov.cn/web/gjhdq_676201/gj_676203/oz_678770/1206_678892/120 6x0_678894/.

为丰富。白俄罗斯全境的河流数量有2万余条，河流总长度超过9万公里。白俄罗斯的主要河流有第聂伯河、普里皮亚季河、西德维纳河、涅曼河和索日河等。同时，白俄罗斯拥有一万多个总面积为2000平方公里的湖泊，其中最大的湖泊是纳拉奇湖，面积为79.6平方公里。因此，白俄罗斯享有"万湖之国"的美誉。[①]

在气候方面，白俄罗斯以温带大陆性气候为主。在大西洋暖流的影响下，白俄罗斯的气候比较湿润，年平均降水量为550—700毫米。白俄罗斯的森林与植被覆盖率较高，约有38.8％。白俄罗斯的森林覆盖面积多达8064千公顷，在独联体国家中仅次于俄罗斯。[②]

20世纪，切尔诺贝利核泄漏事故对白俄罗斯自然环境造成了严重影响，污染区域内的居民数量大大减少。

二、人文概况

苏联解体后，白俄罗斯获得了独立，成为议会制共和国，第一任主席是社会民主党人斯坦尼斯拉夫·舒什克维奇。1994年，白俄罗斯通过了国家独立后的第一部宪法，政体由议会制

[①] 中华人民共和国外交部. 白俄罗斯国家概况[EB/OL]. [2021.08.01]. https://www.fmprc.gov.cn/web/gjhdq_676201/gj_676203/oz_678770/1206_678892/1206x0_678894/.

[②] 同上。

改为议会总统制。同年，白俄罗斯进行了第一次总统选举，亚历山大·卢卡申科当选为总统。1995年，亚历山大·卢卡申科发起了公民投票，使俄语获得了与白俄罗斯语同等的地位，国徽和国旗也根据投票结果重新设计。白俄罗斯宪法规定，总统拥有解散议会的权利。

到1996年，总统和议会之间的矛盾愈演愈烈，白俄罗斯出现了严重的政治危机。在总统的倡议下，全国举行了第二次全民投票，国家根据投票结果对宪法进行了修改，进一步扩大了总统的权力，国家政体由议会总统制改为总统议会制。总统有权制定和颁布法令、任免司法机构领导人以及解散议会等权力。议会成员由地方选举产生或总统任命的代表组成。

2004年，白俄罗斯举行了一次新的公民投票，其结果是：从宪法中删除了对总统任期次数的限制。因此，亚历山大·卢卡申科获得了参加下一次总统选举的权利。2006年3月19日，亚历山大·卢卡申科第三次当选为白俄罗斯总统。此后，反对派组织了群众抗议活动。2010年12月19日，亚历山大·卢卡申科第四次当选为白俄罗斯总统。这次选举以及2001年和2006年的选举都未得到美国和欧盟的承认，白俄罗斯国内也出现了多次抗议活动。在外交方面，白俄罗斯政府一直奉行独立务实的外交政策。

当前，白俄罗斯分为6个一级地方行政区和1个直辖市。首都明斯克市位于白俄罗斯中部，是白俄罗斯的政治、经济和文化中心。全国下设118个区、106个市和25个市辖区。根据2009年10月全国人口普查的数据，白俄罗斯的人口数量为950.3万人。白俄罗斯人口分布极不均匀，28%的白俄罗斯人居住在首都明斯克，城市人口占全国总人口的77%。

与欧洲大多数国家一样，白俄罗斯的人口呈现负增长状态。根据2015年的统计数据，白俄罗斯的人口增长率为-0.2%（在世界排第213位），出生率为10.7%（在世界排第179位），死亡率为13.36%（在世界排第16位）。根据联合国专家预测，未来几十年，白俄罗斯人口下降的速度会变慢。在年龄结构上，白俄罗斯的老年人口比例很高。据统计，有15.51%的白俄罗斯人小于15岁，15—65岁的人口占全国人口的70.04%，14.44%的白俄罗斯人年龄超过了65岁。[①]当前，白俄罗斯面临的人口老龄化问题对国家发展带来诸多影响，并且对国防和军事也造成了一定的影响。近年来，虽然白俄罗斯政府在人口问题方面做了很多工作，但全国的兵源仍然不足。

白俄罗斯经济结构的主要特点是：工业、能源、运输、采矿、建筑、农业和银行等部门的国有企业占主导地位，私营部门所占的比例很小。白俄罗斯政府经济部部长尼古拉·斯诺普科夫曾表示："白俄罗斯政府将会对私营经济重新定位，这是国家经济稳定发展的基础。中小企业在GDP中的比例应达到

---

① Википедия. Белоруссия[EB/OL]. [2019. 02. 14].https: //ru. wikipedia. org.

40％。"[1] 白俄罗斯的工业基础较好，在国家经济结构中，工业部门长期占据主导地位。2014年，白俄罗斯的工业生产总值占全国GDP的37％，其中制造业的产值占工业总产值的60％以上。白俄罗斯主要的出口产品为石油、钾肥、农产品等。白俄罗斯的农业和畜牧业比较发达，农业生产的结构特点是：以畜牧业为主，其次是种植业，此外还有养殖业。[2]

　　自1996年以来，白俄罗斯的经济稳步增长。2002年3月，亚历山大·卢卡申科总统提出了白俄罗斯特有的发展模式，强调以民为本、稳中求进，摒弃全盘私有化的"休克疗法"，建立强有力的国家政权和可调控的市场经济体系。2000—2008年，白俄罗斯GDP的年平均增长率达到6％。2008年以后，受国际金融危机的影响，白俄罗斯的经济发展速度有所下降。2012年，白俄罗斯GDP的增长率为1.7％。2013年，白俄罗斯经济持续变缓，GDP的增长率只有0.9％。[3] 总体看来，白俄罗斯的经济发展与改革是成功的。当然，白俄罗斯在改造计划经济体制、建立市场经济体制方面仍面临诸多困难，如资金短缺、产品竞争力不强、企业效益不高、亏损严重等。

---

① Telegraf. by. Минэкономики：Двигателем Экономического Роста Являются Предприниматели[EB/OL]. [2019.10.18].https：//telegraf. by/2011/10/minekonomiki-dvigatelem-ekonomicheskogo-rosta-yavlyayutsya-predprinimateli.

② Википедия. Белоруссия[EB/OL]. [2019. 02. 14].https：//ru. wikipedia. org.

③ 同上。

第二节
白俄罗斯的民族问题及其教育政策

一、白俄罗斯的民族问题

近代以来（特别是苏联时期），白俄罗斯民族受俄罗斯的影响很大。因此，与其他国家相比，白俄罗斯的民族问题具有一定的特殊性：一是需要消除长久以来（特别是苏联时期）"俄罗斯化"带来的影响，以便增强白俄罗斯民族的影响力和凝聚力，保存与发展其民族传统与文化；二是推行开放的民族政策，保护少数民族的权利，合理解决民族矛盾。这是白俄罗斯国家经济发展与社会稳定的重要保障。

白俄罗斯1999年的人口普查数据显示，白俄罗斯境内居住着130多个民族，其中白俄罗斯族占81.2%，俄罗斯族占11.4%，波兰族占3.9%，乌克兰族占2.4%，犹太族占0.3%，其余的0.8%为亚美尼亚族、阿塞拜疆族、阿拉伯族、格鲁吉亚族、德意志族等少数民族。

二、白俄罗斯的民族政策

白俄罗斯独立后，政府对民族问题非常重视。在宪法未颁布之前，白俄罗斯政府于1992年11月11日颁布了《白俄罗

斯共和国少数民族法》（简称《少数民族法》），目的在于：使
生活在白俄罗斯的各民族能够不受限制地保存、继承和发展
本民族的传统文化，使民族关系和谐发展。其中，《少数民族
法》第1条、第3条和第4条对少数民族的族籍问题做出了明
确的规定，即保障少数民族自由选择族籍的权利。《少数民族
法》第5条规定，国家尊重人权，保障少数民族公民享有各项
平等权利。其中，少数民族权利包括：国家有义务帮助少数
民族发展文化与教育事业；保障少数民族公民学习和使用母语
的权利；维护少数民族以母语印刷和传播信息的权利；确保少
数民族与境外同胞建立文化联系的权利；保护少数民族传统、
发展少数民族文化的权利；建立少数民族文化协会的权利；少
数民族有权在国家机构和行政部门担任任何职务的权利等。[①]
其余条款则从少数民族参与国家管理、组建权力机构等方面
进行了解释和说明。

1994年，白俄罗斯颁布的《白俄罗斯共和国宪法》明确规
定了少数民族享有的各项权利。该宪法规定："每个人都有保持
其民族特性的权利，禁止任何形式的民族歧视；每个人都有权
使用自己的母语，国家依法保障个人选择语言教育和培训的自
由，尊重与保护少数民族在文化、传统、语言、教育等方面享

---

① Левоневский В. С. Закон Республики Беларусь от 11 Ноября 1992 г. №1926-XII
"О национальных Меньшинствах в Республике Беларусь" [EB/OL]. [2019. 02.
16]. http：//pravo. levonevsky. org/bazaby/zakon/zakb1368. htm.

有的权利。"① 白俄罗斯构建了较为健全的少数民族法律体系。此后，白俄罗斯颁布的教育法案和宪法修正案等，都对少数民族权利给予了足够的重视。

在独立初期，白俄罗斯政府非常重视民族语言政策。受苏联全面推行俄语政策的影响，境内使用俄语的人数占白俄罗斯总人口的90%以上。到20世纪80年代末期，白俄罗斯语几乎成为民族文化的摆设。从1990年开始，白俄罗斯在全国范围内大力开展"白俄罗斯语推广运动"，并于1990年1月26日颁布了《在白俄罗斯推广白俄罗斯民族语言的决定》(简称《决定》)。《决定》宣布，白俄罗斯语是国家唯一的官方语言。

围绕推广白俄罗斯语的问题，白俄罗斯政府在各方面进行了改革。在国家机构上，国家正式机关的文件只允许使用白俄罗斯语，办公语言为白俄罗斯语。在社会生活上，国家电视节目、广播节目、报刊发行也必须以白俄罗斯语为主，街道、地理名称、广告牌等必须使用白俄罗斯文字。在学校教育方面，政府开始强制推行白俄罗斯语教学。以首都明斯克市为例，全市226所中小学（及专业学校），至少有一半的学校必须在1994年之前使用白俄罗斯语开展教学。具体要求如下：一年级使用白俄罗斯语开展教学的比例要达到60.9%，二

---

① Консультант Плюс. Конституция Республики Беларусь 1994 Года[EB/OL].
  [2019.10.15]. https://gosatomnadzor. mchs. gov. by/upload/iblock/438/konstitutsiya.
  pdf: 2-5.

年级要达到61%，三年级要达到49.5%，四年级要达到20%。在1993年之前，明斯克市几乎没有一所学校用白俄罗斯语开展教学。[①]

在高等教育方面，自1993年起，大学入学考试中设立了白俄罗斯语的测试项目，高校期末考试或阶段性测试必须以白俄罗斯语为准。这场"白俄罗斯语推广运动"引起了激烈的讨论，因为当时国内已经全面普及了俄语。因此，强制推行白俄罗斯语遭到了社会各界的强烈反对。这场由国家主导并强制推行的语言政策运动，最后以俄语与白俄罗斯语具有同等的国语地位才得到平息。

三、白俄罗斯的民族教育政策

当前，白俄罗斯在少数民族教育政策上，以双语制的少数民族语言教育为主要形式，同时保证少数民族文化得到发展。其中，在学校教育方面，"白俄罗斯语+俄语"是当前白俄罗斯学校教育的基本形式，在双语制学校中较为普遍。在其他少数民族聚居的地区，双语制的形式为"白俄罗斯语+当地少数民族语言"。一般情况下，双语学校（或班级）的课程采用双语模式，即"白俄罗斯语+俄语"，或者是"白俄罗斯语+当地少数

---

① 王群生.白俄罗斯的语言政策和"国语"之争[J].世界语言生活，1995（9）：42.

民族语言"。少数民族的文学、历史、地理、文化和传统等课程则使用少数民族语言开展教学，其他科目都用白俄罗斯语或俄语开展教学。在普通学校（或班级）中，少数民族语言、历史等课程都属于选修课程。

在少数民族语言教学中，波兰语的教学得到快速发展。1990—1991年，在格罗德诺、布列斯特和明斯克等地区，有207所学校的9000多名学生进行了波兰语的学习。1993—1994年，有310所学校的1.43万名学生进行了波兰语的学习。在设有少数民族语言教育的学校（或班级）中，通常使用国家统一编制的教科书。没有国家编制的少数民族语言教科书，则由少数民族地区教育主管部门自主决定，但需要报国家教育主管部门审批。

在民族文化方面，白俄罗斯政府积极支持国家文化发展，尤其是少数民族文化的发展。在1992年颁布的《少数民族法》中，政府对少数民族文化发展给予了足够的重视。该法案明确规定，要为少数民族的教育与文化发展创造必要的物质条件，提供相关的财政支持。少数民族的社会和文化组织可以建立本民族的文化教育机构，努力培养本民族的文化学者及民族教育专家，以便满足少数民族文化发展的需求。[①]

[①] Левоневский В. С. Закон Республики Беларусь от 11 Ноября 1992 г. №1926-XII "О Национальных Меньшинствах в Республике Беларусь" [EB/OL]. [2019.02.15]. http://pravo.levonevsky.org/bazaby/zakon/zakb1368.htm.

　　在白俄罗斯政府与少数民族组织的共同努力下，全国开始了对少数民族历史和文化信息的全面传播。白俄罗斯电视台每周都会播放讲述白俄罗斯少数民族传统、习俗和历史的电视节目。一些民族文化机构开始发行本民族语言的报刊，出现了《犹太周报》《波兰日报》《白俄罗斯土地上的鞑靼人》等报刊。这些出版物主要涉及白俄罗斯少数民族的历史和当代生活状况。白俄罗斯政府对少数民族的出版印刷机构给予了一定的支持。2004年5月21日，第五届"白俄罗斯民族文化节"顺利开幕，来自白俄罗斯66个定居点的25个民族的代表参加了此次活动。

　　近年来，白俄罗斯政府通过了一系列与民族文化发展有关的重要法规，如《白俄罗斯文化法》《白俄罗斯保护历史文化遗产法》《白俄罗斯图书馆事业法》《白俄罗斯博物馆和博物馆基金法》等，从而为白俄罗斯民族文化事业的发展提供了法律保障。

　　综上所述，自进入21世纪以来，白俄罗斯国内局势比较稳定，政治与经济稳步发展，民族问题也得到较为合理的解决。与其他斯拉夫国家的少数民族相比，白俄罗斯少数民族的社会地位较高，民族冲突较少。然而，当前白俄罗斯政府仍然面临较为严峻的少数民族语言发展问题。例如，白俄罗斯语与俄语的联系较为密切，少数民族儿童仍以俄语为主，白俄罗斯语很难成为国家普及的语言。另外，地方教育机构有时只为部分学校（或班级）提供资金支持，这就违反了教育公平的原则。[①] 因此，白俄罗斯政府既要保证主体民族文化对少数民族的影响，以增强少数民族对国家的认同感，又要避免对少数民族文化的冲击，努力发展少数民族文化，从而确保民族文化的多样性。

---

① Рычкова Л. В. Этноязыковая Ситуация в Республике Беларусь и ее Отражение в Системе Образования [J]. Вестник Российского Университета Дружбы Народов（Серия：Вопросы Образования：Языки и Специальность），2017（2）：195.

第二篇

南斯拉夫国家的民族教育政策

南斯拉夫的民族教育政策

| 第一节
| **南斯拉夫概况**

南斯拉夫是第一南斯拉夫（即"南斯拉夫王国"）、第二南斯拉夫（即"南联邦"①）以及第三南斯拉夫（即"南联盟"）的总称，时间跨度上是从1929年到2006年。下面，我们对各个阶段的基本情况进行阐述。

一、南斯拉夫王国时期（1929—1941年）

巴尔干半岛各族人民长期受到土耳其民族的压迫。20世

---

① 为了方便表述，我们将南斯拉夫联邦人民共和国（1945—1963年）和南斯拉夫社会主义联邦共和国（1963—1992年）统称为"南联邦"。

纪初，巴尔干半岛各族人民反抗民族压迫的斗争越来越激烈。1911年，以意大利与奥斯曼土耳其帝国的战争为起点，爆发了第一次巴尔干战争。保加利亚、塞尔维亚、希腊、黑山王国等达成协议，组成了反抗土耳其统治的"巴尔干同盟"，土耳其军队很快战败。1912年5月，土耳其与巴尔干同盟签订了《伦敦条约》。根据条约，巴尔干各国得到了大片领土，其中受益最大的是保加利亚。

然而，好景不长，因领土划分问题，巴尔干各国开始出现分歧。1913年，塞尔维亚、罗马尼亚和希腊组成了"反保加利亚同盟"。1913年6月底，第二次巴尔干战争爆发。1913年8月，保加利亚战败，被迫与反保加利亚同盟签订了《布加勒斯特条约》，从而形成了新的两大对立集团：一方是由塞尔维亚、罗马尼亚和希腊组成的新同盟，另一方是保加利亚与土耳其组建的新集团。在这种错综复杂的环境下，巴尔干地区局势并没有随第二次巴尔干战争的结束而得到缓和。相反，它们的矛盾愈演愈烈。1914年，以萨拉热窝事件为导火索，奥匈帝国向塞尔维亚宣战，导致第一次世界大战爆发。

1915年，南斯拉夫侨民在英国的伦敦成立了南斯拉夫人委员会，并在1917年与塞尔维亚政府联合发布了《科孚岛宣言》，目标是以塞尔维亚为基础，联合南斯拉夫各族人民，建立一个统一的国家。1918年12月1日，塞尔维亚—克罗地亚—斯洛尼亚王国成立，这个王国主要由塞尔维亚、黑山、克罗地亚、斯洛文尼亚、波斯尼亚—黑塞哥维那组成。塞尔维亚—克罗地亚—斯洛尼亚王国是一个君主立宪政体，亚历山大一世担任国王，南斯拉夫历史上第一个统一的多民族国家就此诞生。

1929年初，亚历山大一世发动政变，实行独裁统治。他解散议会，将君主立宪制改为君主制，将国名改为"南斯拉夫王国"，首都设在贝尔格莱德。在行政划分上，他取消了原有的33个省的行政区划，改为9个省。1931年，亚历山大一世颁布新宪法，独揽国家大权，同时保留男性普选制，投票制被废除。宪法还规定，公务人员在任何时候都要支持执政党，上议院半数成员由国王任命。这一行为引起了全国民众的强烈不满。1934年10月9日，亚历山大一世在法国的马赛被刺身亡，其幼子继位，史称彼得二世。

第二次世界大战爆发后，南斯拉夫王国加入了德国、意大利、日本组成的同盟。这一行为引起了全国民众的强烈不满，国内出现了大规模的游行示威活动。1941年，彼得二世政权被推翻，彼得二世及其政府要员被迫流亡法国，而南斯拉夫王国被德国、意大利、保加利亚等国瓜分。此后，南斯拉夫共产党领导全国各族人民进行艰难的民族解放斗争。1941年6月，南斯拉夫人民解放游击队总司令部成立，由铁托担任总司令。

1941年12月，第一支正规的人民武装——无产者旅成立。在南斯拉夫共产党的领导下，经过四年的浴血奋战，南斯拉夫人民最后取得了反法西斯斗争的胜利——在1945年5月解放了全国。[①]

二、南联邦时期（1945—1992年）

1945年11月29日，南斯拉夫联邦人民共和国成立，首都为贝尔格莱德。南斯拉夫联邦人民共和国由波斯尼亚—黑塞哥维那、克罗地亚、马其顿、黑山、塞尔维亚、斯洛文尼亚等社会主义共和国组成。此外，还有作为塞尔维亚组成部分的科索沃和伏伊伏丁那两个自治省。南斯拉夫联邦人民共和国的国土总面积约有25.58万平方公里。根据第二次世界大战后的人口普查数据显示，1948年，在南斯拉夫联邦人民共和国境内的常住人口约有1577.2万人。[②]

在政体方面，南斯拉夫联邦人民共和国实行联邦制政体。1946年1月31日，南斯拉夫联邦人民共和国通过了第一部具有社会主义性质的宪法，并且进行国有制改革和土地制度改革，

① 于沛，戴桂菊，李锐.斯拉夫文明[M].福州：福建教育出版社，2008：321.

② 于沛，戴桂菊，李锐.斯拉夫文明[M].福州：福建教育出版社，2008：322.

创立了具有自治性质的社会主义制度。1963年，南斯拉夫联邦人民共和国颁布了新宪法，将改国名为南斯拉夫社会主义联邦共和国。"新宪法的颁布，赋予了各共和国和自治省更多的自主权利，并由工人自治逐渐转变成为社会自治。"[①] 新宪法规定，联邦议会是国家权力的最高机构，下属机构包括联合委员会、经济委员会、教育和文化委员会、社会和健康委员会、组织和政治委员会等，铁托成为终身总统。之后南联邦进行了全面的经济改革和政治体制改革。

在经济改革方面，南联邦初期的经济建设是成功的。此前，南联邦是一个典型的农业国家，但为了积极发展工业，南斯拉夫当局组建了青年劳工队，大力建设工业，完善工业基础设施。1952—1980年，南联邦的工业产值平均每年增长9.1%。到了1975年，工业产值占全国GDP的比例高达50%。自20世纪50年代政治和经济改革以来，南联邦人民的生活水平大大提高，西方的艺术、文学作品被允许在国内流传，所有7—15岁的人都可以免费接受八年制义务教育。

20世纪70年代末至80年代初，南联邦经历了严重的经济危机。由于国际市场油价大幅上涨，导致国内石油严重短缺，物价不断上涨，政府高举外债。1971年，南联邦的外债数量为12

---

① 于沛，戴桂菊，李锐.斯拉夫文明[M].福州：福建教育出版社，2008：322.

亿美元，1976年达到79.3亿美元，1980年则超过200亿美元。
20世纪80年代，南联邦的通货膨胀率逐年增加，商品的价格在
1982年上涨了30％，1985年上涨了80％，1986年上涨了92％，
1987年则上涨了167％。国内的失业率也逐年增加。到1979
年，国内的失业率已经高达15.52％。[①] 经济发展的停滞和混乱，
导致人民生活水平快速下降，社会不稳定因素不断增加。1980
年铁托去世后，南联邦改为集体领导，实行任期制。各个共和
国和自治省选出代表，轮流担任党和国家的主要领导职务。各
个共和国之间缺少凝聚力，民族矛盾不断加深，从而加快了南
联邦的解体进程。

到了1988年，南联邦国内危机明显加剧。在经济上，持续
的通货膨胀导致国内物价不断上涨。1988年上半年，南联邦的
通货膨胀率达到190％，各地出现抢购风潮。当时，南联邦政
府的外债已经高达214亿美元。南联邦社会开始动荡不安，各
地不断出现游行示威活动，而科索沃地区最为严重。"1988年
10月，阿尔巴尼亚族在科索沃地区的许多城市进行了游行示威
活动。塞尔维亚共和国于1989年3月28日通过了对宪法的修正
案，撤销了1974年宪法赋予科索沃的立法、行政和司法等方面

---

① Никифоров К. В. (отв. ред.), Филимонова. А. И., Шемякинидр. А. Л.
Югославия в XX Веке: Очерки Политической Истории Режим Доступа[M].
Москва: Индрик, 2011: 744.

的部分权力。"①

1989年，南联邦中央政府与各个共和国之间出现了严重的分歧。在这种严峻态势下，南共联盟②于1990年1月20日召开了第十四次代表大会，目的在于尽快解决当前面临的重大问题。但没想到的是，这次会议反而激化了南联邦的内部矛盾。会议讨论了有关修改南共联盟章程、选举新领导人等问题，但并未达成共识。"斯洛文尼亚代表提出，要求南共联盟放弃宪法中的'特殊地位'，并实行多党制。会后，斯洛文尼亚宣布脱离南共联盟，克罗地亚和马其顿也拒绝复会。"③这意味着执政40多年的南共联盟作为统一的全国性政党已经解体，南联邦陷入了混乱局面。

1991年6月，斯洛文尼亚、克罗地亚、马其顿、波斯尼亚—黑塞哥维那先后宣布独立。1992年4月27日，塞尔维亚和黑山组成了南斯拉夫联盟共和国（简称"南联盟"）。这标志着统一的南联邦正式解体，而南联盟宣布自己是南联邦的继承者。

南联盟位于欧洲巴尔干半岛中部地区，领土面积约有10.2

---

① 孔寒冰. 东欧史[M]. 上海：上海人民出版社，2010：482.

② "南共联盟"是"南斯拉夫共产主义者联盟"（League of Communists of Yugoslavia）的简称，是南斯拉夫社会主义联邦共和国的执政党。

③ 孔寒冰. 东欧史[M]. 上海：上海人民出版社，2010：484.

万平方公里。与南斯拉夫相比，南联盟的国土面积缩小了近60%。2003年，南联盟议会通过了《塞尔维亚和黑山宪章》，将南联盟的共和国名称分为"塞尔维亚"和"黑山"。除了共同的国家元首、统一的军队和外交等基本的国家权力，这两个共和国拥有不同的法律、海关、货币，甚至是边防部队。《塞尔维亚和黑山宪章》还规定，三年之后，两个成员国有权进行全民"公投"，决定其未来发展方向。2006年6月3日，黑山通过"公投"要求独立，南联盟正式解体。至此，塞尔维亚成为一个内陆国家。

南斯拉夫是世界历史上不可或缺的部分。南联邦解体是一个复杂的过程，不仅包括经济、政治等内部因素，而且包括当时的国际环境等外部因素。可以说，南联邦解体是诸多因素共同作用的结果。

第二节
南斯拉夫的民族政策

一、南斯拉夫王国时期的民族政策

（一）南斯拉夫民族及其发展

南斯拉夫民族主要是指南部斯拉夫民族，与东斯拉夫民族、西斯拉夫民族一样，都是古代斯拉夫民族的后裔。南斯拉夫民族并不是巴尔干半岛的土著居民。在此之前，该地区最古老的民族是希腊人、伊利亚特人、克尔特人和色雷斯人。"希腊人是阿尔巴尼亚人的祖先。大约从公元前10世纪开始，希腊人就居住在巴尔干半岛的西北部 …… 伊利亚特人与色雷斯人则是保加利亚土地上最早的居民。"[①] 最早提到色雷斯人的相关文字记载是生活在公元前8世纪的希腊作家。当时，色雷斯人占据着辽阔的巴尔干半岛，其范围是：北起多瑙河，南至爱琴海，东临黑海。色雷斯人还在多瑙河以北的地区和小细亚的某些地区定居。伊里利亚人是他们西边的邻居，希腊人则是他们南边的邻居。[②] 4—6世纪，部分斯拉夫人开始迁徙到巴尔干半岛。斯拉夫人与当地居民经过几个世纪的交往与融合，形成了现在的

---

① 孔寒冰. 东欧史[M]. 上海：上海人民出版社，2010：43.

② 谢科夫，等. 保加利亚简史[M]. 哈尔滨：黑龙江人民出版社，1974：6.

南斯拉夫民族。

然而，南斯拉夫民族的形成并非一帆风顺。南斯拉夫民族长期受到拜占庭帝国和阿瓦尔汗国的压迫与威胁。9世纪初，阿瓦尔汗国灭亡，南斯拉夫民族有了发展的机会，克罗地亚民族获得独立并且建立了自己的国家。到了10世纪，克罗地亚的军事实力得到加强，开始对外扩张。在10世纪上半叶，克罗地亚占领了原属于法兰克帝国的潘诺尼亚平原。11世纪，克罗地亚的版图不断扩大。与此同时，匈牙利的国王拉迪斯拉夫一世已使其势力扩大至克罗地亚腹地。1102年，拉迪斯拉夫一世之子科洛曼将克罗地亚并入了匈牙利的版图。①

塞尔维亚人是南斯拉夫民族的主要民族，也是南斯拉夫所有民族中人数最多的民族。他们从7世纪初就开始生活在巴尔干半岛。塞尔维亚人长期受到保加利亚和拜占庭帝国的压迫。到了12世纪，塞尔维亚人建立了自己的国家 —— 塞尔维亚王国。13世纪后期，随着国力的不断增强，塞尔维亚王国对外进行了扩张。到了14世纪的杜尚王朝，塞尔维亚王国的领土已经占了巴尔干半岛的三分之二，但随着国王斯特凡·杜尚的逝世，塞尔维亚王国很快就四分五裂。1389年，塞尔维王国亚被奥斯曼土耳其帝国所灭。一部分塞尔维亚人为了逃避战乱和异族统治，就迁徙到了现在的黑山地区，南斯拉夫民族中另一个重要

---

① 于沛，戴桂菊，李锐.斯拉夫文明[M].福州：福建教育出版社，2008：307.

的民族——黑山在此形成。因此，黑山人与塞尔维亚人在语言、文字、宗教信仰等文化传统方面大部分是一样的。

马其顿族是南斯拉夫民族中一个相对弱小的民族，但马其顿族的历史非常悠久。"马其顿"这个名称来源于公元前5世纪的马其顿王国。到了公元前2世纪，马其顿王国被西罗马帝国统治，分裂成了多个地区。之后，西罗马帝国战败，代替它的统治者是东罗马帝国（拜占庭帝国）。7世纪，一部分斯拉夫人在马其顿地区定居，并与当地的居民逐渐融合，形成了马其顿族。

6世纪，一部分斯拉夫人来到现在的斯洛文尼亚地区，发展成为斯洛文尼亚人。由于他们居住在阿尔卑斯山的山区，因此，他们又被称为"阿尔卑斯斯拉夫人"。学术界对斯洛文尼亚最早的建国时间存在争议，但可以肯定的是，在南斯拉夫各民族中，斯洛文尼亚人是较早建立独立国家的民族。在7世纪，斯洛文尼亚人被萨莫帝国统治。到了9世纪，斯洛文尼亚人与奥地利南部的日耳曼人混居在一起。不久，斯洛文尼亚被法兰克帝国吞并。[①] 此后，大部分斯洛文尼亚人被奥地利的哈布斯堡王朝统治，这一状态维持了好几个世纪。

1867年，奥地利与匈牙利签订了《奥地利 — 匈牙利妥协方案》，建立奥匈帝国，匈牙利获得高度的自治权，但奥地利君

---

① 孔寒冰. 东欧史[M]. 上海：上海人民出版社，2010：49.

主仍然兼任匈牙利国王。然而，奥匈帝国国内的民族主义呼声高涨，斯洛文尼亚人也走上了建立独立民族国家的道路。第一次世界大战后，由于奥匈帝国战败，斯洛文尼亚以加盟共和国的形式与塞尔维亚、克罗地亚一起组建了新的国家 —— 塞尔维亚 — 克罗地亚 — 斯洛尼亚王国。

保加利亚人与南斯拉夫的其他民族有所不同，这种不同主要体现在血统上。南斯拉夫的其他民族是斯拉夫人迁徙到巴尔干半岛与当地土著居民交往和融合而形成的民族，而保加利亚人身上具有亚欧大陆游牧民族的血统（即中亚突厥人的血统）。现在的保加利亚位于巴尔干半岛的中东部地区，最早在此居住的是色雷斯人。早在公元前5世纪，色雷斯人就在此地建立了第一个色雷斯国家 —— 奥德里西亚王国。到了2世纪，色雷斯人建立的国家被罗马帝国所统治。

4世纪，保加利亚人从中亚地区逐渐迁徙到现在的保加利亚地区，并在此定居。681年，保加利亚人与巴尔干半岛的斯拉夫人一起建立了第一保加利亚王国，这为保加利亚人与斯拉夫人的交往与融合提供了条件。1018年，第一保加利亚王国被拜占庭帝国所灭。然而，经过长期交往与融合，保加利亚人成为南斯拉夫民族不可分割的一部分。

（二）南斯拉夫王国时期的民族政策

虽然南斯拉夫民族的历史由来已久，但成为统一的多民族国家的时间却很短。在巴尔干半岛，先后经历了罗马帝国、匈牙利王国、奥匈帝国、奥斯曼土耳其帝国、保加利亚王国等国家的统治。直到1918年12月1日，塞尔维亚—克罗地亚—斯洛文尼亚王国的建立，标志着南斯拉夫历史上第一个统一的多民族国家正式出现。

1929年初，塞尔维亚—克罗地亚—斯洛文尼亚王国改名为南斯拉夫王国。1941年，彼得二世政权被推翻，南斯拉夫王国被德国、意大利、保加利亚等国瓜分。从建立到灭亡，南斯拉夫王国政权仅存了23年。南斯拉夫王国时期的民族理论与政策并没有形成完整的体系，主要体现为"一种歧视性的民族政策"。自南斯拉夫王国建立以来，绝大部分权力都掌握在塞尔维亚人手中，历届政府的领导人由塞尔维亚人担任。南斯拉夫王国强制推行"大塞尔维亚主义"，宣扬塞尔维亚民族的优越性，压制其他民族的发展，否认黑山、马其顿、阿尔巴尼亚等民族的存在。1921年和1931年颁布的宪法加强了国王的权力，同时否认其他民族的存在，强调南斯拉夫王国只有一个民族。

在第二次世界大战期间，在法西斯势力的支持下，克罗地亚民族迅猛发展。由于克罗地亚民族长期受到塞尔维亚民族的压迫，克罗地亚民族开始对塞尔维亚民族进行疯狂的报复，声称要消灭境内所有的塞尔维亚人。这一行为不仅使塞尔维亚民族遭受了重创，而且其他民族也受到影响。

综上所述，南斯拉夫王国的存在不仅没有为南斯拉夫各民族带来认同感，反而加深了民族之间的矛盾。"南斯拉夫地区人民是要建立一个多民族联合的国家，而南斯拉夫王国恰恰没有体现这一意图，没有代表南部斯拉夫各民族的利益。"① 这些民族的历史积怨为后来南联邦的解体埋下了祸根。

二、南联邦时期的民族政策

南斯拉夫联邦人民共和国的建立与南斯拉夫各族人民的共同努力是分不开的。在此前的解放战争中，南斯拉夫各族人民为了实现民族独立，在南斯拉夫共产党的领导下做出了巨大的牺牲。因此，新建立的统一的多民族国家获得了各族人民的普遍支持。"南斯拉夫联邦人民共和国的民族构成是复杂多样的，全国共有24个民族。其中，最大的民族是塞尔维亚族，占总人口的34.8%；其次是克罗地亚族，占18.9%；斯洛文尼亚族占7.5%，马其顿族占6%，黑山族占2.6%，阿尔巴尼亚族占9.3%，匈牙利族占1.9%。在各民族中，斯拉夫民族人口占了总人口的88%，非斯拉夫民族的人口比例只有

---

① 徐刚. 从第一南斯拉夫的兴亡看南部斯拉夫人的合与分：写在第一南斯拉夫建立100周年之际[J]. 俄罗斯东欧中亚研究，2018（4）：139.

12%。"①这些民族以"共和国"为单位聚居在一起，同时又零星分布在南斯拉夫的各个地区。因此，南联邦像俄罗斯一样，民族问题始终是国家面临的重要问题之一。正如国外学者所指出的那样："虽然南联邦与其他东欧国家一样，面临着经济停滞、外债增加等一系列问题，但真正导致南联邦解体的原因却是民族冲突。"② 因此，下面我们主要对南联邦时期的民族理论与政策、南斯拉夫解体原因等问题进行阐述。

（一）南联邦时期民族政策的发展与演变

在南联邦时期，国家宪法是由联邦宪法和各共和国宪法共同组成的。然而，在处理民族问题上，南联邦的民族政策与苏联的民族政策却是两个极端。在国家建立初期，南联邦的领导人并未重视民族问题。他们甚至认为，南联邦不存在民族问题。当然，这种想法过于简单，南联邦的民族问题也随着国家发展和国际形势变化慢慢凸显出来。南联邦的发展大致可分为国家建立初期、发展时期和衰落时期三个阶段。因此，我们以时间发展顺序来梳理和阐述南联邦的民族理论与政策。

---

① 王换芳，熊坤新.南斯拉夫解体中的民族因素探析[J].民族问题研究，2016（2）：132.

② 本·福斯特.东欧共产主义的兴衰[M].张金鉴，译.北京：中央编译出版社，1998：276.

1. 国家建立初期的民族政策

在长期反抗外来侵略战争的过程中，南斯拉夫各族人民相互交往与融合，民族关系相对稳定和谐。在国家建立之初，南联邦领导人所坚持和倡导的是以马克思主义理论为指导的民族平等理论。1946年颁布的国家宪法强调，"南斯拉夫联邦人民共和国是建立在自治基础上的自愿在联邦国家共同生活的各民族平等的共同体"，并认为，"各加盟共和国在民族自决的基础上拥有平等权"。这使国家建立之初的民族关系得到了良好的发展。

然而，虽然宪法对民族问题给予了法律支持，但在国家初期的政治生活中，南联邦中央政府很少提及民族问题，对民族事务的讨论更是少之又少。1953年，南联邦中央政府政府撤销了依照1946年宪法规定而设立的与联邦院具有平行地位的民族院。在1958年举行的南共联盟第七次全国代表大会上，南共联盟的领导人也没有提及民族问题，并且认为"国家生活中基本不存在民族问题"。此后，在1964年举行的南共联盟第八次全国代表大会上，铁托在谈论有关民族问题时指出："各族人民在解放战争中就解决了民族问题，并且是以最民主的方式解决了。"[1] 因此，在国家建立初期，南共联盟在制定政策和策略

---

[1] 郝承敦，杨富运. 苏联和南斯拉夫民族政策失误再比较[J]. 广东民族学院学报，1998（1）：45.

时，民族问题就没有给予更多的重视。虽然在建国初期，这种民族政策为各民族的发展创造了条件，但南联邦政府不重视民族政策与民族问题，为日后民族矛盾的激化埋下了祸根。

2.国家发展时期的民族政策

从20世纪50年代开始，南联邦进入了发展时期。由于国内情况有所改变，这一时期的民族政策逐渐偏离了马克思主义路线。如前所述，在处理民族问题上，南联邦的民族政策与苏联的民族政策却是两个极端。在国家建立初期，南联邦的领导人并未足够重视民族问题；而苏联实行的是一种高度集中的政治制度，各加盟共和国和自治省虽然拥有自治权利，但它们仍要服从中央政府的"完全管理"。在民族政策上，苏联主要推行"俄罗斯化"，而南联邦的联邦制过于松散。铁托在任期间，中央权力过度下放给了各加盟共和国，过度强调各共和国与自治省的自决与自治，这使南联邦中央政府的权力被削弱。

南联邦中央政府在解决民族事务时，态度比较温和，大多数以协商、说服、劝导等方式来处理，以保证国内社会的稳定。因此，铁托在任期间，虽然中央政府的权力被削弱，但在民族问题上，国内很少出现民族矛盾和民族冲突。

1964年，南共联盟举行了第八次代表大会，重点讨论了民族问题，明确反对"一元主义"的中央集权思想，强调各共和国的平等地位，以及民族的多样性与多元化。此后，在很长一段时间里，南联邦在民族政策上反对地方民族主义，重点打压

"大塞尔维亚主义"。南联邦将塞尔维亚共和国境内伏依伏丁那和科索沃两个自治省的行政地位提升为与共和国同一级别，使之成为"国中之国"，以此来牵制塞尔维亚的发展。而这种"关照"使塞尔维亚领导人敢怒不敢言，并且引起了塞尔维亚民族的不满。

1971年，南联邦出现了"克罗地亚之春"事件。克罗地亚民族主义者主张的是"民族分离主义"。南联邦当局认为，这种思想严重威胁到国家的统一。起初，政府仍是以协调、说服等方式来解决此事，但以失败告终。随后，中央政府采取强硬的政治手段，这一事件才算得到平息。

"克罗地亚之春"事件过后，南联邦当局开始对国内地方民族主义者进行打压。一方面，通过调换各加盟共和国领导干部，防止出现新的地方民族主义势力，同时压制原有民族主义势力的增长；另一方面，通过修改宪法，以法律形式满足斯洛文尼亚、克罗地亚等发达地区的政治、经济要求。南联邦中央政府试图通过这种合法方式来安抚各加盟共和国和自治省，以便保证国家的稳定与统一。1974年修订的南联邦宪法明确规定，"在联邦议会磋商和确定重要经济决议时，奉行'协商一致'的准则，联邦中央政府在做出相关决议时，必须获得各共和国与自治省的支持。各共和国与自治省拥有一票否决权"。[①]事实上，

---

① 郭永学. 原苏联与前南斯拉夫民族政策的比较[J]. 东欧中亚研究，2000（4）：26.

从20世纪70年代开始，南联邦中央政府及其议会成为各共和国与自治省的利益协调机构。这种对各共和国的妥协与退让让民族分离主义势力越来越大，南联邦政府无法控制越来越糟糕的局面，最终导致民族矛盾与冲突的大规模爆发。

总之，在这一时期，南联邦的民族政策比较保守，但在处理民族问题时因过于保守而出现"右倾"错误，主要表现是：过于注重各民族的绝对平等与绝对的民族差异性，强调各民族的多样性与多元化。南联邦中央政府一味地退让与妥协，满足了各共和国的利益，却牺牲了国家的整体利益。

3.国家衰落时期的民族政策

（1）经济困境中的民族问题。20世纪70年代末至80年代初，南联邦在经济发展中的各种问题逐渐凸显出来，比如：经济结构比例失衡，政府财政大量赤字，通货膨胀率居高不下，失业人数逐年增加，全国市场流通不畅，人民生活水平下降等。一系列问题的出现引起人民的极度不满，致使政府急于通过经济体制改革来摆脱困境。1981年12月，南联邦政府成立了经济委员会，对南斯拉夫如何摆脱经济困境的问题进行了研究。1982年4月，该委员会通过了《经济稳定的基本依据》，此后相继通过了17份相关文件。这些文件提出了加强国家宏观调控、制定统一的发展战略和社会发展计划等措施，具有一定的针对性与合理性，但由于种种原因，其效果不大明显。1987—1988年，由于社会产值连续下降，通货膨胀率居高不下，失业率进一步上升，米库里奇政府被迫集体辞职。

南联邦经济改革的失败具有多方面的因素，其中包括"经济民族主义""地区主义"等。各加盟共和国与自治省往往对中央政府推行的一系列措施具有选择性，把自身利益置于联邦整体利益之上，具有很强的地方主义与民族主义倾向。南联邦推行不同的经济发展模式，致使全国出现了相互封闭的市场，这种封闭的民族经济政策给国内的经济流通和发展带来了巨大的阻力。整个国家的大市场分为八个相对封闭的地方市场。即使是铁路、电信、邮政服务和其他必须统一的行业，也被人为地割裂开来。[①]事实上，这种做法破坏了国家统一的物质基础，政府逐渐失去了宏观调控能力。各加盟共和国尽力维护自己的经济利益。经济利益摩擦已成为民族争端的主要内容，也是困扰民族关系的主要问题。

此外，经济发展水平差距过大，也加剧了民族之间的矛盾。以斯洛文尼亚、克罗地亚和科索沃为例，斯洛文尼亚和克罗地亚发展较快，而科索沃则是南联邦经济最落后的地区之一。斯洛文尼亚和克罗地亚的人口占南联邦总人口的27.6%，面积占30%，但社会产值却占全国的42.1%，出口占全国的46.3%。科索沃与斯洛文尼亚之间的差距也很大。建国初期，科索沃与斯洛文尼亚在人均产值上的比例是1:3.3。

[①] 郭永学.原苏联与前南斯拉夫民族政策的比较[J].东欧中亚研究，2000（4）：28.

1965年，这一比例扩大到1∶4。20世纪90年代，这种差距就更大了。1990年，科索沃的人均产值为1302美元，而斯洛文尼亚的人均产值却高达12618美元，两者之间的比例为1∶9.7。① 因此，斯洛文尼亚等发达地区对长期援助科索沃等落后地区做法表示不满。此外，由于历史原因，科索沃地区的阿尔巴尼亚族与塞尔维亚族之间的冲突不断。经济发展差距过于悬殊，必然会引起各民族之间的矛盾与冲突。纵观各国历史，国家分裂或民族之间的冲突与战争，其背后的根源都是经济发展的不平衡性。

（2）"社会主义自治"模式与"平等"模式。经济改革中暴露出来的民族问题，使南共联盟把注意力转移到了制约经济发展的政治因素上。南联邦的领导人认为，必须对当前的政治体制进行改革，才能使国家彻底摆脱困境。1982年6月，南共联盟召开了第十二次全国代表大会，对地方主义和民族主义进行了批评。1986年1月，南共联盟通过了《对社会主义自治政治体制运转的批评性分析》，该文件对地方民族主义、割裂统一市场等问题进行了分析，并提出了如何完善社会主义自治制度的相关建议及具体措施。此后，南联邦内部进行了激烈的讨论。其中，一些经济较为发达的加盟共和国和自治省的领导人

---

① 郝承敦，杨富运. 苏联和南斯拉夫民族政策失误再比较[J]. 广东民族学院学报，1998（1）：46.

认为，社会主义自治制度是南斯拉夫的根本制度，不可动摇。而经济落后地区的领导人却认为，自治制度存在很大缺陷，需要对其进行根本性变革。另一种较为折中的意见是，要对自治制度进行适当的调整。1986年6月，南共联盟第十三次全国代表大会召开，对南斯拉夫社会主义自治制度进行了讨论，但由于分歧较大，最终未达成共识。

政治体制改革受阻与政治多元化、民族主义势力抬头等因素有着密切联系，而造成改革失败的主要原因在于：一方面，南联邦实行的自治制度本身存在一定的缺陷；另一方面，由于20世纪50年代以后中央权力过度下放给了各加盟共和国与自治省，过于强调"双重主权"在国家政治生活的作用，地方力量急剧膨胀，中央权力则被削弱。铁托在位期间，以强硬的政治手段对地方民族主义势力进行了打压。而铁托去世后，地方民族主义势力试图改变这种的局面，国家开始实行集体领导的方式。为了体现所谓的"平等"，各共和国和自治省选出代表，轮流担任国家的主要领导职务。但这种"平等"模式下的领导体制，不仅不能调和民族关系，而且加剧了各共和国和自治省对中央政府的不信任，所以民族矛盾不断升级。此外，南联邦领导人对"大塞尔维亚主义"的纵容，引起了其他民族的不满情绪。同时，在外部因素的推动下（如国外的政治干预等），南联邦国内各民族间的仇视情绪不断高涨，各个共和国和自治省开始奉行"纯粹民族国家"的政策，对生活在自己领地内的其他民族进行大规模驱逐，实行"民族净化"
政策。^①

虽然南联邦政府也曾努力调和，但作用并不大。20世纪80
年代后期，南联邦民族主义势力越来越大，政府已无法控制局
面。1991年以后，斯洛文尼亚、克罗地亚等加盟共和国相继宣
布独立。就这样，一个统一的多民族国家分崩离析。

（二）南联邦解体的原因

南联邦解体是学术界研究的重要课题之一，其解体的原因
错综复杂，众说纷纭。"学术界提出了几种观点，包括综合根
源论、经济根源论、意识形态根源论、国际根源论、政治根源
论、民族根源论等观点。"^② 下面，我们从内部与外部两方面入
手，深入分析与阐述南联邦解体的真正原因。

1. 内部原因

（1）政治体制运行失败。南联邦与苏联都属于联邦制国
家，虽然两个国家最后都以解体告终，但其过程却不一样。
南联邦在国家建立之初，在马克思主义理论的指导下，建立了
与苏联相同的中央集权与"双重主权"的联邦体制。1948年

---

① 杨健斌. 南斯拉夫在民族政策上的失误及其启示[J]. 西安政治学院学报, 2000
（1）: 63.

② 谷亚红. 南斯拉夫解体根源国内研究述评[J]. 俄罗斯中亚东欧研究, 2012（2）:
89-90.

后，南联邦与苏联的关系恶化，南联邦为了急于摆脱苏联模式的影响，在政治、经济等方面进行了全面改革。南联邦过度重视"双重主权"，提出实行"社会主义自治"的新模式，形成了一种分散式的联邦体制。南联邦把中央权力下放给了各个共和国和自治省，中央权力逐渐被削弱。到了后期，各个共和国则把权力凌驾于国家权力之上，中央政府已经没有能力控制整个国家。

（2）经济危机使国内社会更加动荡。如前所述，南联邦建立之初，国家经济发展良好，人民生活水平也在逐年提高，这对保持国家稳定、促进人民的民族认同感起到良好的作用。但到了中后期，在经济发展过程中出现了一系的列问题，包括经济改革失败、财政赤字增加、通货膨胀严重等，政府没有及时出台有效的解决方案。例如，由于通货膨胀，货币贬值，国内物价大幅增长，国内民众开始疯狂抢购商品，而政府并未采取有效措施来抑制通货膨胀。各民族之间、各地区之间的经济发展水平差距不断扩大，特别是实行了所谓的"经济民族主义"政策之后，国内统一的市场分割成了几个相对封闭的小市场，出现了一种各自为战的局面。1965年，南联邦政府成立了旨在协调国家经济发展的"联邦基金会"①，但效果

---

① "联邦基金会"主要采取的方式是从全国财政中拿出一部分资金，以低息贷款方式拨给落后地区。

并不明显。

（3）民族矛盾是南联邦解体的重要原因。首先，各民族之间存在文化差异，致使它们之间很难融合。南斯拉夫地区的地理位置比较重要，自古以来都是兵家必争之地。历史上，拜占庭帝国、匈牙利王国、奥匈帝国、奥斯曼土耳其帝国、保加利亚王国等先后统治过南斯拉夫地区，英、法、意、德、俄等外部势力也曾干预过这一地区的民族事务，异族统治是造成南斯拉夫地区各民族在宗教、语言、文字等方面存在诸多差异的重要原因。斯洛文尼亚人和克罗地亚人分别从日耳曼人和匈牙利人那里接受了天主教文化，带有明显的"日耳曼痕迹"，主要使用拉丁文字；塞尔维亚人、黑山人和马其顿人从拜占庭帝国那里接受了东正教文化，使用的是基里尔文字；波黑人在奥斯曼帝国入侵时就信奉伊斯兰教。[①] 这种文化上的差异，成为民族分离主义和民族利己主义的原始动力之一，最终阻碍了民族融合。其次，南斯拉夫地区以山地为主，崎岖多山的地势对加强民族认同与民族融合有一定的阻力。一般情况下，民族以聚居的形式存在，相对封闭的自然环境造就了不同的民族性格，很难使各民族加强交往与融合。再次，虽然南斯拉夫地区人民建立统一的多民族国家的时间并不长，各民族对国家的认同感

---

① 王换芳，熊坤新. 南斯拉夫解体中的民族因素探析 [J]. 民族问题研究，2016（2）：133.

不足。由于历史原因，一些民族之间积怨已久，它们之间的矛盾在短时间内难以消除。最后，南联邦领导人采取了错误的民族政策。国家成立初期，南联邦领导人对民族问题不够重视甚至轻视，错误地估计了国内的民族形势。在处理民族问题时，南联邦领导人过于强调各民族绝对的平等，在处理民族问题的方式上也存在不足：一是通过提高一些少数民族的地位来打压部分主体民族，这种方式虽然起到了一定的牵制作用，但也加深了民族之间的矛盾；二是一味地妥协与退让，助长了民族分离主义与民族利己主义的嚣张气焰；三是铁托去世后，南联邦新任领导人奉行"大塞尔维亚主义"，甚至取消了科索沃的自治权利，直接激化了民族矛盾。

2. 外部原因

（1）铁托的去世成为民族矛盾激化的重要因素。铁托领导南斯拉夫地区人民取得了反法西斯战争的胜利，并对建立南联邦立下了不可磨灭的功勋。因此，铁托在各族人民的心中具有非常高的威望。而且，铁托对权力的把握极为谨慎。地方民族主义势力虽然有所抬头，但也得到了很好的控制。而铁托去世后，南联邦开始实行任期制，以米洛舍维奇为代表的新任领导人实行的是一种偏激的民族政策，致使民族矛盾不断激化。

（2）南联邦解体也是西方势力的干预以及苏联解体和东欧剧变引起的连锁反应。一方面，南联邦内部面临严重的经济危机，并且外债不断增加，通货膨胀严重，这为西方势力提供了可承之机。西方势力利用经济手段逼迫南联邦实行多党制，并要求南共联盟放弃对军队的领导权，实现军队的"非政治化"。在政治与经济的双重压力下，南共联盟采取了妥协政策。另一方面，苏联解体和东欧剧变带来的连锁反应使南联邦面临的形势更加严峻。"自20世纪80年代末以来，国际局势发生了急剧变化，特别是苏联和东欧的政治民主化要求越来越强烈。许多国家改变了原有的政治体制，实行多党制，有些国家的共产党由执政党变成了在野党，民族分离主义趋势抬头，结果就是：苏联走向了解体，捷克斯洛伐克也一分为二。这些重大变化成为南联邦政治走向的诱因。"[1] 在苏联解体和东欧剧变的"示范作用"下，南联邦人民对国家现行的体制产生了怀疑。南联邦成为欧洲大陆上最后一个社会主义国家，被西方势力视为欧洲大陆上的"异类"，因此，西方势力对其不断施压，使其压力剧增。

---

① 唐小松.试论南联邦种族冲突的深层原因[J].今日东欧中亚，2000（1）：43-44.

第三节
南斯拉夫的民族教育政策

一、南斯拉夫王国时期的民族教育政策

南斯拉夫地区各民族在不同时期接受了不同帝国的统治，同时接受了不同文化的熏陶。在漫长的历史发展过程中，各民族形成了不同的民族文化，而未形成统一的"南斯拉夫民族文化"。在语言文字上，虽然塞尔维亚与克罗地亚使用的都是相近的语言，但在文字使用上，塞尔维亚使用的是基里尔文字系统，而克罗地亚则采用了拉丁文字系统。其他民族也都使用本民族语言，比如：斯洛文尼亚人使用斯洛文尼亚语，阿尔巴尼亚人使用阿尔巴尼亚语等。这导致南斯拉夫王国出现了塞尔维亚语、克罗地亚语、马其顿语、斯洛文尼亚语和阿尔巴尼亚语等官方语言。在宗教信仰方面，南斯拉夫各民族的宗教信仰也是多种多样的。例如，斯洛文尼亚人和克罗地亚人由于受罗马文化的影响，主要信奉天主教；塞尔维亚人则受拜占庭文化的影响，主要信奉东正教。还有一些人信奉基督教、伊斯兰教等。语言的不统一，宗教信仰的不一致，使南斯拉夫地区的文化与教育发展更加艰难。

南斯拉夫王国建立后，国内各民族的文化发展非常不平衡。这种不平衡体现在以下两个方面：一是各地区之间的不平衡，

二是各民族文化发展的不平衡。从文化发展水平上看，克罗地亚、塞尔维亚、斯洛文尼亚等地的文化发展水平较高，而马其顿、黑山等地的文化发展水平相对较低。南斯拉夫王国时期的政府并没有制定系统的民族教育政策，采取的是一种歧视性的民族政策，主要表现以下两个方面。

第一，南斯拉夫王国境内各民族的文盲率极高。南斯拉夫王国建立时，属于欧洲教育最落后的国家之一。除斯洛文尼亚的文盲率较低外，其他民族充斥着大量的文盲。波斯尼亚和黑塞哥维那的文盲人数占总人口的90％。虽然政府在塞尔维亚、斯洛文尼亚、克罗地亚等地实行了义务教育，但由于经费匮乏，教师严重缺编，各族人民生活贫困，所谓六年制或八年制的"义务教育"变成了一纸空文，不能贯彻执行。在波斯尼亚和黑塞哥维那，学龄儿童的入学率不到十分之一。1921年的相关统计数据表明，南斯拉夫王国12岁以上人口中有51％的人属于文盲。[1] 这种情况极大地阻碍了南斯拉夫王国的文化与教育发展，而这种情况一直到了南联邦时期才逐步得到改善。

第二，民族教育政策存在严重的民族歧视。一方面，由塞尔维亚人把持的王国政府采取的是打压其他少数民族的"大塞尔维亚主义"政策，从而阻碍了文化与教育的发展。例如，政府强迫克罗地亚人民放弃使用本民族的文字，改用斯拉夫文

---

[1] 于沛，戴桂菊，李锐.斯拉夫文明[M].福州：福建教育出版社，2008：325-326.

字。另一方面，在南斯拉夫王国后期，政府强制推行民族语言政策，主要表现为：强迫其他少数民族放弃使用本民族的语言，关闭少数民族学校等。例如，政府关闭了科索沃地区为阿尔巴尼亚族设立的公立学校。这样的民族教育政策使一些少数民族文化受到了严重的威胁，导致民族矛盾进一步升级。

二、南联邦时期的民族教育政策

第二次世界大战爆发后，南斯拉夫王国的政权被愤怒的南斯拉夫地区民众推翻。南斯拉夫共产党开始领导各族人民进行反法西斯斗争，并且非常重视各族人民的教育问题。在解放战争时期，南斯拉夫共产党开展了面向人民大众的文化建设，形成了南斯拉夫地区独特的"游击队文化"。针对南斯拉夫地区文盲人数较多的现实状况，南斯拉夫共产党决定开展扫盲活动。在根据地及其解放区，南斯拉夫共产党开办了成人识字班。为了让各族儿童能尽快回到学校接受教育，南斯拉夫共产党还开办了教师培训班。一些知识水平较高的革命战士也加入了教师队伍。在克罗地亚解放区，1944年已有1051所小学，共有5.4万名学生和965名教师；而到了1945年，克罗地亚解放区已有1343所小学，共有8.4万名学生。在波斯尼亚解放区，南斯拉夫共产党还建立了多所中学；在斯洛文尼亚解放区，南斯拉夫共产党专门设立了学校管理处，专门负责500多所学校的教育管理工作。[①] 1944年初，根据斯洛文尼亚解放阵线执行委员会的决定，斯洛文尼亚专门成立了科学研究所，由历史学家兰·茨维特主持工作，主要从事斯洛文尼亚的历史与民族问题研究工作。[②]

　　南斯拉夫联邦人民共和国成立后，政府更加重视各民族的文化与教育工作。因此，国内各民族的文化与教育事业得到了很大的发展。当时，在校的小学生人数占学龄儿童总人口的95%，每年有40%以上的中学毕业生进入高校学习。在民族文化政策上，南联邦政府一直倡导平等的民族文化政策，以民族文化自治为原则，努力消除民族文化的歧视现象，主要内容包括以下三个方面。第一，确认全民族文化是全体人民共同创造的精神财富。每个公民都有创作和出版的权利，有权参与文化事业的管理，并享受文化艺术成果。第二，在平等的基础上体现文化自治原则。确保所有民族群体在平等的基础上可以努力创造各自独特的民族文化。第三，在文艺活动中强调创作自由、人道主义和有利于社会进步的原则，反对任何行政干预。[③] 1974年的宪法规定了每个民族应有的权利，如：保存和发展各自的民族的文化，自由使用其语言和文字等，这为各民族发展本民族的文化，促进民族交往与融合提供了条件。

------

① 于沛，戴桂菊，李锐.斯拉夫文明 [M].福州：福建教育出版社，2008：325.

② 于沛，戴桂菊，李锐.斯拉夫文明 [M].福州：福建教育出版社，2008：326.

③ 李靖宇，刘金龙.南斯拉夫的科教文概况 [J].今日苏联东欧，1988（5）：60.

到20世纪80年代末，南联邦的一些机构用少数民族文字出版了许多日报、周报、半月报和期刊等。[①] 南联邦政府重视少数民族教育的一个重要举措就是大力推行民族语言政策。在南斯拉夫联邦人民共和国刚刚成立时，政府就宣布，尊重各个共和国与自治省境内所有民族的文化、语言和习俗，各族人民有权利使用本民族的语言，发展本民族的文化。1974年的宪法再次强调，承认并尊重各个共和国和自治省人民平等的语言权。"在少数民族聚居的地区，可以使用本民族语言进行教学；如果是多个少数民族聚居在一起，则可选两种或两种以上的民族语言进行教学。学生除了要学习一般的文化知识，还要学习有关本民族的历史和文化知识。对于残疾儿童的特殊教育，政府也非常重视，几乎所有残疾儿童都可以在特殊学校接受教育。"[②] 同时，政府每年都会在收入中抽出一部分资金，用于发展少数民族文化和教育事业，这种平等的民族教育政策得到了全国各族人民的大力支持。

综上所述，尽管南联邦最终解体，但南联邦政府在民族政策[③]方面采取的一些系列举措及其取得的成就，对整个民族的发展具有极其重要的意义。

---

① 李靖宇，刘金龙.南斯拉夫的科教文概况[J].今日苏联东欧，1988（5）：59.

② 于沛，戴桂菊，李锐.斯拉夫文明[M].福州：福建教育出版社，2008：327.

③ 包括民族教育政策、文化政策、语言政策、民族干部政策等。

保加利亚的民族教育政策

第一节
保加利亚概况

一、自然概况

保加利亚共和国（简称"保加利亚"）位于东南欧地区，地处巴尔干半岛东部。北部与罗马尼亚隔多瑙河相望，西部与塞尔维亚、北马其顿相邻，南部与希腊、土耳其接壤，东部临接黑海，海岸线长达378公里。① 保加利亚境内地形多种多样，有低地、丘陵和山地，境内的巴尔干山脉横贯中部，山脉

---

① 中华人民共和国外交部. 保加利亚国家概况[EB/OL].[2021.07.01]. https://www.fmprc.gov.cn/web/gjhdq_676201/gj_676203/oz_678770/1206_678916/1206x0_678918/.

以北为广阔的多瑙河平原，山脉以南为多为山地和谷地。保加利亚气候多样，南部地区以地中海气候为主，北部地区以温带大陆性气候为主，年平均降雨量在450—600毫米。保加利亚是一个自然资源比较匮乏的国家，原料和能源供应很大程度上依赖进口。全国森林面积约为412万公顷，约占国土总面积的34％。①

二、人文概况

681年，保加利亚人推翻了拜占庭帝国的统治，建立了自己的国家，史称"第一保加利亚王国"（681—1018年）。第一保加利亚王国长达3个世纪之久，直到1018年被拜占庭帝国所灭。第一保加利亚王国覆灭后，拜占庭帝国继续统治着保加利亚民族。在拜占庭帝国统治后期，帝国政府对各民族的压迫越来越严重，民族矛盾不断激化。1185年，在伊凡·阿森和彼得·阿森的带领下，保加利亚人开始举行大规模的起义，并在1187年建立了保加利亚历史上的第二个国家，史称"第二保加利亚王国"（1187—1396年）。第二保加利亚王国疯狂扩张，

---

① 中华人民共和国外交部. 保加利亚国家概况[EB/OL]. [2021.07.01]. https://www.fmprc.gov.cn/web/gjhdq_676201/gj_676203/oz_678770/1206_678916/1206x0_678918/.

占领了拜占庭帝国的绝大部分领土。但在第二保加利亚王国后期，保加利亚外遇强敌入侵，内部会矛盾不断激化，农民起义不断，最终在1396年被奥斯曼土耳其帝国所灭。此后，保加利亚也曾出现过几个短暂的王国，但基本上处于异族的统治之下。1877年，俄国对奥斯曼土耳其帝国宣战，奥斯曼土耳其帝国战败，保加利亚人终于迎来了国家独立的曙光，掀起了民族统一运动。然而，保加利亚人民的美好愿望在西方列强的干涉下并未得到实现。直到1885年，保加利亚才实现了国家的统一。1908年，保加利亚摆脱了土耳其人的长期统治，最终成为一个独立的国家。

在两次世界大战中，保加利亚均加入德国阵营，并成为世界大战的战败国。在第一次世界大战中，保加利亚与德国、奥匈帝国和奥斯曼土耳其帝国结成了军事同盟。在第二次世界大战中，以保加利亚国王鲍里斯三世为首的反动统治集团于1941年3月加入了法西斯集团。长期的战争使保加利亚人民生活在水深火热之中，他们对保加利亚政府失望至极。1944年9月，苏联红军进入保加利亚，保加利亚人民在保加利亚共产党的带领下进行了武装起义。在苏联红军的帮助下，保加利亚人民成功推翻了法西斯政权，并宣告废除君主政体。1946年9月15日，保加利亚共产党宣布，正式建立保加利亚人民共和国，保加利亚共产党是全国的唯一执政党。

1989年，受国际局势的影响，保加利亚政局出现了重大变化。1989年11月，佩特尔·姆拉德诺夫替代了托多尔·日夫科夫，出任保加利亚共产党中央总书记和国务委员会主席。1990年，保加利亚共产党通过了实行多党制与市场经济制度的决议，总统为国家元首，保加利亚共产党改为保加利亚社会党。1990年11月15日，保加利亚人民共和国改为保加利亚共和国，简称"保加利亚"。现在的保加利亚是一个议会制国家，保加利亚议会称为国民议会。国民议会实行一院制，共有240个议席，议员通过选举产生，每届任期4年。现在，保加利亚全国分为28个大区和265个市，首都为索非亚。①

在20世纪80年代，由于受苏联的影响，保加利亚的经济受到巨大打击。1994年初，保加利亚的经济开始复苏，但由于经济改革措施缺乏持续性，银行体系不稳定，所以到了1996年，经济再度崩溃。1997年，保加利亚经济开始有所恢复。

保加利亚是一个传统意义上的农业国，玫瑰、酸奶和葡萄酒历来受到国际市场的欢迎。2001—2008年，保加利亚经济逐渐恢复，增长率保持在5%以上。2009年，保加利亚受国际

---

① 中华人民共和国外交部. 保加利亚国家概况[EB/OL].[2021.07.01]. https://www.fmprc.gov.cn/web/gjhdq_676201/gj_676203/oz_678770/1206_678916/1206x0_678918/.

金融危机等因素的影响,经济发展速度有所下降。2010年以后,保加利亚经济保持增长态势。到2018年,保加利亚的GDP为631亿美元,人均GDP为9080美元,GDP增长率为3.1%,失业率为5.2%。保加利亚的工业主要有机械制造业、食品加工业以及纺织业。2017年,保加利亚工业产值达722.86亿列弗(约417.84亿美元)①。从2010年开始,保加利亚的旅游业得到发展。2017年,保加利亚接待的外国游客有1159.6万人次。保加利亚还是中欧自由贸易协定组织的成员。2018年,保加利亚进出口总额为712亿美元,外汇储备达459.8亿列弗(约265.78亿美元)。②

在教育方面,保加利亚是一个教育发展水平相对较高的国家。据统计,在1991年,保加利亚的教育发展水平居世界前列,国内中小学校有2000多所,中等专业技术学校及职业技术培训学校有800多所,高等院校有50多所。到2020年,保加利亚实行12年制的义务教育,在2017—2018学年,各类教学单位有4711所,在校生达121万人,教师超过10万人。其中,中小学校有1979所,中等专业技术学校及职业技术培训学校有

---

① 当时,1美元≈1.73列弗。

② 中华人民共和国外交部. 保加利亚国家概况[EB/OL]. [2020.03.24]. https://www. fmprc. gov. cn/web/gjhdq_676201/ gj_676203/oz_678770/1206_678916/1206x0_678918/.

844所，高等学校有54所。①保加利亚的知名高校有索非亚大学、新保加利亚大学、大特尔诺沃大学等。45%的保加利亚人可以用一种欧洲主要的语言进行交流，15%的保加利亚人拥有本科以上学历，在整个欧洲排第三名。

根据保加利亚2019年的人口统计数据，保加利亚国内总人口为700万。其中，保加利亚族占总人口的84%；保加利亚人口最多的少数民族是土耳其族，约占总人口的9%；其次是罗姆族，约占总人口的5%。②其他民族包括俄罗斯族、亚美尼亚族、乌克兰族、希腊人族、罗马尼亚族、犹太族等。保加利亚的官方语言为保加利亚语，主要的少数民族语言为土耳其语。

① 中华人民共和国外交部.保加利亚国家概况[EB/OL].[2020.03.02].https://www.fmprc.gov.cn/web/gjhdq_676201/gj_676203/oz_678770/1206_678916/1206x0_678918/.

② 中华人民共和国驻保加利亚共和国大使馆.保加利亚国家概况[EB/OL].[2020.03.02].https://www.mfa.gov.cn/ce/cebg/chn/zzgjs/gjgk/t9461.htm.

第二节
保加利亚的民族问题及其民族教育政策

一、保加利亚的民族问题

1990年，保加利亚人民共和国改为保加利亚共和国，简称"保加利亚"，当时政府的主要任务就是解决历史遗留下来的民族问题。保加利亚作为一个多民族国家，在民族问题上与其他斯拉夫国家具有一些共性，也有其特殊性。保加利亚民族问题的特殊性主要体现在政府对待土耳其族的问题上。土耳其族是保加利亚少数民族中人口最多的民族，并且历史比较悠久。第二次世界大战后，保加利亚国内政局相对稳定。因受苏联的影响，保加利亚根据民族自决原则，给予境内包括土耳其族在内的少数民族较大的教育和文化自治权，但这种政策并未持续很长时间。1954年，托多尔·日尔科夫执政后，开始推行"一个民族，一种文化"的单一民族政策。此后，大量的土耳其族人口被驱逐出境。在1984—1985年，政府强制土耳其族改为保加利亚族，禁止他们在公共场合使用土耳其语。政府宣称，"保加利亚境内不再有土耳其人"。这种过激的"民族同化"政策使民族矛盾不断加深。20世纪80年代末，土耳其族进行了强烈的反抗，并且获得了一定的政治地位。1990年，保加利亚政治局势发生重大变化，以土耳其族为主的少数民族党派在议会中获得了36个席位，占议会总席位的5.75%。在保加利亚共和国成立初期，特别是在1991—1996年，"民族同化"政策仍未改变，因此，保加利亚族与土耳其族的关系一直处于紧张状态。

二、保加利亚民族政策

保加利亚民族政策的一个显著特点是：保加利亚政府不仅要考虑少数民族的利益，还要考虑占绝大多数的保加利亚族的态度。20世纪80年代末，保加利亚族对现行的民族政策很不满，认为这样的民族政策会对国家利益造成威胁。保加利亚民族主义者宣称，在社会和政治制度上，保加利亚族占主导地位。当时的国家安全部部长和教育部部长都是典型的民族主义者，这为国家推行民族教育政策带来了极大的阻力。

因此，在1991年颁布的《保加利亚共和国宪法》中直接涉及少数民族政策的内容较少。宪法保障了少数民族的地位。宪法第6条明确规定：（1）人人生而自由，在尊严和权利上一律平等；（2）所有公民在法律面前一律平等，不允许存在基于人种、国籍、族裔、性别、出身、宗教、教育、信仰，政治派别、个人和社会地位或财产状况等方面的任何特权。① 在民族语言教

---

① Конституция Республики Болгарии (Обнародована в "Държавен Вестник", Бр. 56 от 13 Июля 1991 г.) [EB/OL]. [2019. 08. 11]. http : //www. parliament. am/ library/sahmanadrutyunner/bulgaria. pdf: 10.

育方面，宪法明确规定，保加利亚语是国家唯一的官方用语，其他民族有权学习和使用自己的母语，但学习和掌握保加利亚语是保加利亚公民的基本权利与义务。在民族文化方面，宪法第54条规定：（1）人人有权拥有国家普遍存在的文化价值观，并根据其种族需要发展其文化；（2）承认并保障人们在艺术、科学和技术等方面的创造自由。[①] 同时，宪法第11条规定，禁止按照民族、种族或宗教信仰来组建政党。从宪法的角度上看，在这一时期，保加利亚少数民族并未获得太多的自由和权利。

三、保加利亚的民族教育政策

1990年3月，上千名土耳其人聚集在保加利亚首都索非亚的广场上，进行绝食抗议，要求政府解决土耳其人的就业、住房和教育问题。处于政治转型关键时期的保加利亚政府为了缓和紧张的局势，防止民族矛盾进一步加深，允许他们创办和发行土耳其语报纸。到2000年，保加利亚已有8家土耳其语报社。

在学校教育方面，政府允许在民族混居地区的学校开设土耳其语课程，而当地的保加利亚族发起了抗议活动。为了安抚保加利亚族，政府重新规定，土耳其语只作为选修课程。对

---

① Конституция Республики Болгарии（Обнародована в "Държавен Вестник"，Бр. 56 от 13 Июля 1991 г. ）[EB/OL]. [2019. 08. 11]. http：//www. parliament. am/library/sahmanadrutyunner/bulgaria. pdf：10.

此，又有数万名土耳其人上街游行示威。[①] 20世纪90年代中期以后，保加利亚的民族关系得到缓和，土耳其族起到了积极的推动作用。虽然这种作用是在保加利亚族的控制下，但保加利亚的民族关系在一定程度上得到了缓和。在20世纪90年代中期的保加利亚教育改革中，一些少数民族语言被纳入初等教育和中等教育的范围，学校为学生提供土耳其语、俄语、德语等语种的教学。

当前，保加利亚在民族问题上仍处于整合阶段。解决民族问题的另一个重要表现是政府签署了《欧洲保护少数民族框架公约》。该文件的核心内容是：国家有保护少数民族群体的权利和义务。2007年，保加利亚加入欧盟，承担尊重和保护少数民族权利的义务。然而，保加利亚国内仍存在带有浓厚的种族和宗教色彩的民族主义运动。例如，保加利亚境内的罗姆族社会地位低下、失业率高，政府对其发展仍不够重视。据统计，约有68%的罗姆族人口没有接受过完整的学校教育，其失业率超过70%。同时，保加利亚族和罗姆族之间的冲突时有发生，民族歧视问题较为突出。由此可见，如何合理解决民族矛盾与冲突，积极推行更为平等的民族教育政策，仍是当前保加利亚政府不可回避的重要现实问题。

---

① 赵彩燕. 保加利亚的政治转型与民族和解[J]. 当代世界社会主义问题，2016（1）：94.

塞尔维亚的民族教育政策

第一节
塞尔维亚概况

一、自然概况

塞尔维亚共和国（简称"塞尔维亚"）是位于欧洲巴尔干半岛中北部的内陆国。塞尔维亚的国土总面积为8.8万平方公里，首都是贝尔格莱德。塞尔维亚周边的邻国较多，分别是黑山、波斯尼亚和黑塞哥维那、克罗地亚、匈牙利、罗马尼亚、保加利亚、北马其顿及阿尔巴尼亚等。塞尔维亚的地理位置极为重要，是连接欧洲、亚洲、非洲的要塞，因此，它被誉为"欧洲的十字路口"。在自然环境方面，塞尔维亚属于温带大陆性气候，冬季寒冷，夏季炎热。塞尔维亚的水资源比较丰富，年降水量为550—750毫米。塞尔维亚的大部分地区为丘陵和山地，丘陵主要分布在境内的中部和南部地区。北部地区属于多瑙河平原。东部地区是斯塔拉山脉的余脉，西部地区为迪纳拉山脉。塞尔维亚最高的山为贾拉维察山，海拔为2656米。

二、人文概况

1992年4月27日，南斯拉夫联邦社会主义共和国解体，塞尔维亚共和国与黑山共和国共同组建了南斯拉夫联盟共和国（简称"南联盟"），但其存在的时间较短。2006年5月21日，黑山政府以全体公民投票的方式通过了黑山共和国脱离南联盟的决议。2006年6月3日，黑山共和国正式宣布独立。2006年6月5日，塞尔维亚共和国也宣布独立，并对外宣布，塞尔维亚共和国是南联盟的继承者。2006年11月8日，塞尔维亚通过了新宪法，从而取代了1990年颁布的宪法。新宪法规定，塞尔维亚是一个议会民主制国家。国家最高的权力机构是国家议会，议会实行议员制。议员通过选举产生，每届任期4年。首都贝尔格莱德是全国的政治、经济、文化及科技中心，属于东南欧地区第四大城市。塞尔维亚其他著名的城市包括诺维萨德、尼什、克拉古耶瓦茨等。

20世纪90年代末，由于联合国的经济制裁以及历年的战乱等因素，塞尔维亚国内经济受到严重影响，经济迅速下滑。进入21世纪，塞尔维亚的经济才逐渐好转。2005年以后，塞尔维亚经济出现较快增长。据统计，2006年，塞尔维亚的经济增长率为6.3%，因此，它被人们称为"巴尔干之虎"。塞尔维亚的经济以服务业为主。2008年，服务业的产值占了塞尔维亚GDP的63%。2011年，服务业的产值占了塞尔维亚GDP的65.2%。

农业在塞尔维亚国家经济中占有重要地位，土地肥沃、雨水充足等良好的自然条件使塞尔维亚具备了优越的农业生产条件。据塞尔维亚官方统计，塞尔维亚的农业用地面积达到506万公顷，约占国土面积的66%，并且主要集中在北部的伏伊伏丁那平原和塞尔维亚的中部地区。农业土地中的可耕地面积为329万公顷。①

同时，工业和对外贸易等也是塞尔维亚经济发展的重要支柱。工业主要以化学工业为主，主要产品包括橡胶和塑料制品、化肥、合成纤维、涂料等。塞尔维亚主要的出口产品包括汽车、电子电器及各类农产品。据统计，2019年，塞尔维亚的出口总额为463.6亿美元，其中出口达196.3亿美元，进口达267.3亿美元。

然而，塞尔维亚的经济发展仍面临诸多严重的问题，比如：国内失业人口持续增加，财政赤字逐年上升，公共债务常年居

---

① 中华人民共和国外交部. 塞尔维亚国家概况[EB/OL].[2021.07.01]. https://www.fmprc.gov.cn/web/gjhdq_676201/gj_676203/oz_678770/1206_679642/1206x0_679644/.

高不下等。特别是在2012年以后，受国际金融危机与欧洲债务
危机的影响，塞尔维亚的经济发展缺乏动力。到2019年12月，
塞尔维亚的人均GDP为6595欧元。[①]

　　塞尔维亚境内的少数民族分布呈聚居状态。其中，塞尔维
亚中部是少数民族的主要聚集地区。2013年的人口数据显示，
塞尔维亚总人口为716万人。[②] 其中，塞尔维亚族占总人口的
83%；匈牙利族为3.5%，主要居住在伏伊伏丁那北部；柬埔寨
族为2%，大部分位于塞尔维亚中部；波斯尼亚族为2%，大部
分生活在塞尔维亚的南部诺维帕扎尔、科索沃等地区；克罗地亚
族为0.8%，主要分布在伏伊伏丁那地区；阿尔巴尼亚族主要集
中在贝尔格莱德、诺维萨德以及伏伊伏丁那等地区；保加利亚族
主要生活在博西利格拉德和季米特洛夫格勒等地区；德意志族主
要集中在贝尔格莱德、诺维萨德和索姆博尔等地区。

---

① 驻塞尔维亚共和国大使馆经济商务处. 塞尔维亚宏观经济和主要产业概况 [EB/OL].
　[2021.07.01]. http://yu.mofcom.gov.cn/article/ddgk/zwjingji/202107/20210703171868.
　shtml.

② 聚汇数据. 塞尔维亚人口 [EB/OL]. [2020. 03. 02]. https://population.gotohui.com/
　pdata-3497.

第二节
塞尔维亚的民族问题及其民族教育政策

一、塞尔维亚民族问题

在南联邦时期，塞尔维亚曾一度受到民族问题的困扰，严重影响到国家的稳定。独立后的塞尔维亚宣称自己是"南斯拉夫社会主义共和国的最后继承者"，其民族问题也得到合理解决，有效遏制了极端民族主义的发展势头。

近年来，塞尔维亚境内的少数民族人口逐年下降，主要有以下三个方面的原因：第一，由于客观存在的民族歧视，部分少数民族开始迁移，但这种情况并非影响少数民族人口下降的主要因素；第二，"民族同化"政策的推行，导致一些人口较少民族的语言与文化得不到发展，还有一部分少数民族居民对自己的族籍认识比较模糊，甚至默认为自己是塞尔维亚族；第三，民族聚居带来的排他性，也是当前塞尔维亚民族问题的主要原因之一。

二、塞尔维亚的民族政策

在民族政策上，塞尔维亚继承了以往的民族政策，并结合现实情况加以完善。2006年颁布的《塞尔维亚共和国宪法》对少数民族权利做出了明确而详细的规定。《塞尔维亚共和国宪法》对少数民族的关注主要体现在以下两个方面：一是确保各民族的平等权利；二是承认与保护公民的民族身份。《塞尔维亚共和国宪法》第一部分明确指出："塞尔维亚共和国是塞尔维亚民族与居住在塞尔维亚境内所有公民的国家，是一个基于法治、社会正义、民主原则、人权自由、少数民族权利自由的国家。"[①] 同时，在国家的政治生活中，政党可以自由组建，这为防止民族歧视与"大塞尔维亚主义"等极端民族主义提供了法律保障。在语言方面，政府强调塞尔维亚语是国家唯一的官方语言，并允许其他语言在正式机构和场合中使用。《塞尔维亚共和国宪法》第14条规定，塞尔维亚共和国要保护少数民族的权利，国家要给予少数民族特殊的保护。在《塞尔维亚共和国宪法》的第二部分，对保障人权与少数民族权利进行了专门的规定。任何涉及民族权利法律文件的制定与实施，都要符合《塞尔维亚共和国宪法》。

与以往不同的是，《塞尔维亚共和国宪法》中涉及少数民族权利的内容更详细，说明塞尔维亚非常重视少数民族问题。

《塞尔维亚共和国宪法》明确规定了各民族的基本权利，其中最具代表性的内容是：现行的《少数民族权利保护立法》是在南联盟时期的《保护少数民族权利和自由法》的基础上建立起

---

① Международная Славянская Правовая Академия Правь. Конституция Республики Сербия[EB/OL]. [2019. 08. 12]. http：//mspa7520. ru/konstituciya-respubliki-serbiya.

来的。该法案详细规定了有关少数民族身份界定、民族文化保护、民族语言使用、发展少数民族教育、少数民族选举等内容。该法案第12条规定，少数民族文化、语言与宗教等特征是少数民族公民的基本权利。为了保护和发展民族文化，少数民族的个人及团体，有权在文化和艺术生活各个领域建立特殊的机构。该法案第15条对民族教育进行了规定：少数民族有权设立和支持私立民族教育机构，国家为其提供少数民族语言或双语教育，个人、基金会以及组织对少数民族教育提供资助。该法案第17条规定了少数民族在传媒等领域使用少数民族语言的权利，其中包括：通过电子媒体表达、接收、发送和分享信息的权利；国家在广播和电视节目中使用少数民族语言提供信息、文化和教育等内容等。此外，该法案明确规定了在少数民族在参与国家管理、选举等事务中避免出现民族歧视等方面的内容。

除了《民族权利保护立法》，塞尔维亚政府颁布或修订的其他领域的法律条文也明确规定了相关的民族权利。例如，在《初等教育法》《中等教育法》《成人教育法》《公共服务法》《传媒法》等法规中，均有涉及少数民族的内容。同时，塞尔维亚积极加入国际性或区域性的有关人权保护和民族保护等方面的条约中，完善民族保护法律体系。此外，塞尔维亚政府通过设置全国少数民族委员会以及地方民族事务管理委员会等机构，对少数民族文化、教育、公民权利进行管理和监督，并向中央政府提交民族调查报告。

三、塞尔维亚的民族教育政策

少数民族聚居状态为塞尔维亚的少数民族教育发展提供了便利条件。近年来，塞尔维亚进行了教育改革，但基本沿用南联盟时期的教育体制。

首先，塞尔维亚宪法及其相关教育法规都明确规定，每个公民都有受教育的权利。在塞尔维亚，小学教育和中学教育均为免费的义务教育。同时，所有公民不分种族和性别，都具有平等接受高等教育的权利，并确保依法为低收入地区的优秀学生提供免费的高等教育。

其次，民族语言和文化上，国家允许少数民族发展本民族的语言和文化，允许公民在公共场所使用本民族的语言与文字。当前，少数民族学校主要有两种形式：一是在少数民族聚居区由国家设立的少数民族学校或双语学校；二是少数民族自治机构建立的教育机构，其教育经费原则上需要自筹，也可获得国家资助。

根据塞尔维亚官方的统计数据，截至2013年12月30日，罗马尼亚语的学前教育机构有9所，斯洛伐克语的学前教育机构有12所，塞尔维亚语和斯洛伐克语的学前（双语）教育机构有4所，匈牙利语的学前教育机构有22所，塞尔维亚语和匈牙利语的学前（双语）教育机构有13所。同时，克鲁舍瓦茨地区建有2所塞尔维亚语和罗姆语的学前（双语）教育机构，苏波提卡地区建有2所匈牙利语和德语的学前（双语）教育机构，以及5所克罗地亚语的学前教育机构。塞尔维亚少数民族的中小学教育也得到快速发展。例如，在2013年，开设阿尔巴尼亚语的小学共有16所，中学有2所，职业技术学校有2所。74所小学和10所中学开展了匈牙利语教学，其中有51所小学设有匈牙利族文化课程。19所小学和2所中学开展了罗马尼亚语教学。2所中学开展了斯洛伐克语教学。5所小学和2所中学开设了保加利亚语教学。22所小学开设了波斯尼亚族文化课程，5所中学设有斯洛伐克族文化课程。18所小学开设了罗姆族文化课程。[①] 值得注意的是，并非所有的少数民族都设有自己的教育机构和文化课程。例如，在塞尔维亚境内的乌克兰族并没有开展本民族的教育，官方给出的理由是：学生数量未达到开设民族文化课程班的基本要求，并且学生对乌克兰族的文化课程缺乏兴趣。

在民族文化政策方面，塞尔维亚主要以"民族文化自治"为主要形式。一些在少数民族聚居的地区或自治地区，政府保留了具有少数民族传统的地方名称、街道名称、定居点名称等，少数民族成员也在姓名方面保留自己的民族传统。我们以塞尔维亚的季米特洛夫格勒市为例，该市是保加利亚族的主要聚居

---

① Council of Europe. The Third Periodical Report on the Implementation of the European Charter for Regional or Minority Languages in the Republic of Serbia[EB/OL]. [2020. 03. 24]. https: //rm. coe. int/CoERMPublicCommonSearchServices/DisplayDC TMContent?documentId=09000016806d2789: 68-77.

地区之一。根据2011年的人口普查数据，该市的保加利亚族人口占全市总人口的53.5%，塞尔维亚族人口仅占27.86%。市政当局在城市的地名、河流、湖泊、街道、广场、交通标志以及市政府官方语言中，主要以保加利亚语为主。在市政府的徽章与旗帜的设计上，充分保留了塞尔维亚语字母（ħ，j，љ，њ，ђ，џ）和保加利亚语字母（ъ，я，й，ю，ь，щ），以体现两个民族之间的尊重与融合。[①]

综上所述，塞尔维亚在民族政策方面继承了南联盟时期的政策，并吸取了以往处理民族问题的经验。因此，塞尔维亚推行的民族政策较为合理。然而在当前，塞尔维亚的少数民族教育政策仍然存在一些问题。首先，虽然塞尔维亚政府给予了少数民族在教育上更大的自主权，但由于大多数少数民族学校的经费以自筹为主，国家补助较少，教学水平与教学条件有限，其教育仅限于初等教育和中等教育，教学形式主要以民族语言教育为主，教学内容相对匮乏，这就导致一些少数民族家庭的孩子更愿意选择国家公立的普通学校，其结果是少数民族学校的发展受到限制。其次，种族歧视依然存在。塞尔维亚长期受"大塞尔维亚主义"观念的影响，这种影响也体现在教育方面。因此，少数民族在实际生活中依然会受到一些不公平待遇。

---

① Катунин Д. А. Болгарский Язык в Современном Законодательстве Республики Сербия [J]. Славянский Мир в Условиях Современных Вызовов，2016（4）：257.

西斯拉夫国家民族教育政策

波兰的民族教育政策

一、自然概况

波兰共和国（简称"波兰"）位于欧洲中部地区，首都为华沙。波兰西部与德国相连，南部与捷克、斯洛伐克接壤，东邻俄罗斯、立陶宛、白俄罗斯、乌克兰，北濒波罗的海，海岸线长达528公里。[①] 波兰的地势特征是北低南高，总体地势较为平坦。苏台德山脉和喀尔巴阡山脉为波兰的两大山脉。波兰重要的港口是位于西北部的什切青（Szczecin）。东北部

---

① 中华人民共和国外交部. 波兰国家概况 [EB/OL]. [2021.07.01]. https://www.mfa.gov.cn/web/gjhdq_676201/gj_676203/oz_678770/1206_679012/1206x0_679014/.

地区树木繁茂，人口相对较少。

波兰的气候介于西欧海洋性气候与东欧大陆性气候之间，基本属于由海洋性向大陆性气候过渡的温带阔叶林气候。一般情况下，波兰全年冬暖夏凉，气候温暖湿润，年平均气温为 6—6.8℃。波兰的北部和西部属于海洋性气候，夏季凉爽多雨，冬季温暖潮湿。波兰的南部和东部地区主要属于大陆性气候，冬天寒冷，夏天炎热。波兰最美的时段是在每年的 5 月份至 9 月份，阳光充足，气候温暖。如果根据天气情况划分，波兰除了有春、夏、秋、冬四个季节，还有早春和初冬。奥得河和维斯瓦河是波兰境内两条较大的河流，其中，维斯瓦河有"波兰母亲河"之称。希尼亚尔德维湖是波兰最大的湖泊，面积为 109.7 平方公里。①

二、人文概况

波兰国家起源于西斯拉夫人建立的波兰、西里西亚、维斯瓦、马佐夫舍、东波美拉尼亚等部落联盟。6—10 世纪，西斯拉夫原始公社逐渐解体，形成了封建土地所有制。到了 10 世纪中期，波兰部落逐步发展起来，最后统一了其他部落。960 年，

---

① 新华网.波兰概况[EB/OL].[2021.07.01].http://www.xinhuanet.com//ziliao/2002-06/18/content_446140.htm.

梅什科一世建立了波兰王国。1025年，博莱斯瓦夫一世成为波兰国王。在他的统治下，波兰逐渐发展成为一个统一而强大的国家。到了12世纪中期，波兰社会动荡不安，之后波兰进入了长达两百年的封建割据时代。

1505年的波兰宪法规定，未经议会同意，国王无权颁布法律。这一规定在一定程度上削弱了王权，同时招致外来势力的干预。面对外来势力的干预，波兰王国议会和立陶宛大公国议会在卢布林通过了建立统一的"波兰第一共和国"的决议，首都从克拉科夫迁到华沙。波兰由此成为一个多民族的农奴制联邦国家，也是当时欧洲面积最大、人口最多的国家。

17世纪后半期，波兰的农奴制出现了严重的危机。1648年，赫梅利尼茨基领导了农奴起义，统治阶级内部分崩离析。1654年，沙俄对波兰宣战。没过多久，沙俄兼并了第聂伯河以东的乌克兰地区。1655年，波兰与瑞典的战争爆发后，波兰丢失了部分领土。从1772年开始，俄国、普鲁士、奥地利对波兰先后进行了三次瓜分。1795年，存在了800多年的波兰国家灭亡。第一次世界大战结束后，波兰才得以复国。

1921年3月，波兰议会通过宪法，确定波兰为议会制共和国，史称"波兰第二共和国"（1921－1940年）。在获得难得的独立之后，波兰开始了国家建设。1924年，波兰开始在全国推行自己的货币——兹罗提，兹罗提成为当时中欧地区最稳定的货币之一，波兰经济也从战争的创伤中慢慢复苏。在"二战"爆发之前，波兰发展成为欧洲一个举足轻重的国家。

1939年9月1日，波兰遭到德国的突袭，致使大部分国土被德国吞并。1940年9月28日，华沙被德军攻陷，波兰再次亡国。从此，波兰人民开始了以民族解放为目标的反法西斯斗争。

1944年7月22日，波兰成立了民族解放委员会，并颁布了意义重大的《七月宣言》，宣布建立新的国家，国名为"波兰人民共和国"。在此后的一段时间里，在苏联的影响下，波兰进行了土地改革，实施了"三年计划"（1947—1949年），以恢复国民经济。从1950年开始，波兰实施发展国民经济的"六年计划"，国家经济得到发展，人民生活水平得到改善。但遗憾的是，国家稳定的局面并没有维持很长时间。1956年，苏联赫鲁晓夫政府推行"去斯大林化"的政策，冲击了整个社会主义东方阵营。在此期间，波兰发生了著名的"波兹南事件"[①]。此后，波兰国内一直动荡不安。1970年12月，波兰的格但斯克市发生了工人罢工运动，最后发展成为严重的流血冲突事件。1980年7月，波兰民众因不满不断上升的物价而上街游行示威，

---

① "波兹南事件"是波兰历史上第一次针对波兰统一工人党政府的大规模罢工事件。该事件因发生在波兰的波兹南市而得名。该事件于1956年6月28日爆发，6月30日结束。波兰政府的镇压行动导致74人死亡，800多人受伤。波兹南事件是波兰逐渐摆脱苏联政治控制的里程碑事件之一。

从而引发了全国性的大罢工。1980年10月，波兰成立了历史上第一个独立的工会组织——团结工会，领导人为莱赫·瓦文萨。由于大规模的罢工和社会的持续动荡，波兰国家一度处于失控状态。1981年12月13日，波兰国内宣布进入战时状态。直到1983年7月，波兰才结束战时状态。团结工会被视为非法组织而被波兰政府取缔，直到1989年，波兰政府才恢复其合法地位。

1989年6月，波兰进行了全国大选，团结工会获得了99%的参议院席位从而控制了整个国家。1989年12月29日，波兰议会决定，将国名改为"波兰共和国"，史称"波兰第三共和国"。

目前，波兰的政体为"半总统半议会制"，总统为国家元首，不对议会负责。1997年4月，波兰通过了新宪法，确立了以市场经济为主导的经济体制和以三权分立为原则的政治制度。新宪法强调，议会享有立法权，分为上院参议院（100名成员）和下院议会（460名成员）。总统及其领导的政府具有实际执法权，最高法院拥有最高司法权。在经济体制方面，政府以私有制为基础，努力推进市场经济自由化改革。新宪法规定，议会有权否决总统的决议。

波兰的首都华沙是全国的贸易、工业和文化中心，也是波兰最大的城市和交通运输枢纽。华沙坐落在波兰中部平原的维斯瓦河中游西岸，是中欧各国进行贸易的交通要道。

根据2018年的人口统计数据，波兰的人口数量为3841.114万人，波兰人口连续多年出现负增长。[①] 2011年，波兰城市的实际居住人口数量为2316.9万，占波兰总人口的60.2%，农村人口数量占波兰总人口的39.8%。[②] 与2002年相比，2018年的城市人口比例下降了1.6%。从民族结构上看，波兰族的人口比重最大，约占波兰总人口的97%，人口相对较多的少数民族有德意志族、乌克兰族和白俄罗斯族。此外，波兰还有立陶宛族、犹太族、俄罗斯族等。

1989年以后，波兰外交的主要任务是：协调与俄罗斯、德国、美国等各大国之间的关系，处理波兰与欧盟以及其他周边国家之间的关系。[③] 波兰在外交上采取"亲美融欧"政策，发展周边睦邻友好关系。1999年3月12日，波兰加入北约。2004年5月1日，波兰加入欧盟。波兰还通过了"魏玛三角"合作制度，以便加强本国与德国、法国的合作。

在经济方面，波兰进行了市场经济自由化改革。1990年1月1日，波兰通过激进的"休克疗法"向市场经济转型，并获得成功。到2017年，波兰连续25年保持经济高速增长。即使是在2008年

---

① "走出去"导航网.波兰中央统计局称波兰人口形势依然困难[EB/OL].[2019.05.13]. https://www.investgo.cn/article/gb/tjsj/201905/449274.html.

② 央视网.波兰国家统计局公布最新人口普查结果[EB/OL].[2012.03.26]. http://news.cntv.cn/20120326/108749.shtml.

③ 郭洁.近二十年波兰外交转型刍议[J].俄罗斯研究，2012（1）：179-189.

国际金融危机和欧洲债务危机的大背景下，波兰经济也未出现倒退或停滞。波兰的经济发展历程成为全球认可的"波兰奇迹"，这与波兰的"巴尔采罗维奇计划""入欧战略"等是分不开的。

20世纪80年代，波兰的通货膨胀率急剧上升。1990年，波兰的通货膨胀率为639.6%，波兰因此成为东欧恶性通货膨胀国家的代表。1989年，波兰政府的财政赤字数额为18亿美元，占当年GDP的7.2%。早在1986年，波兰的外债总额就高达382亿美元，人均外债数量超过1000美元。[①] 1989年9月，波兰政府成立了以巴尔采罗维奇为首的经济专家委员会。该委员会向政府递交了《经济转型纲领》的改革方案，政府于1990年1月1日正式启动改革方案。因为巴尔采罗维奇是《经济转型纲领》的主要策划者，所以该方案又被称为"巴尔采罗维奇计划"。

"巴尔采罗维奇计划"将宏观调控与微观经济相结合，既在宏观上把握国家公共财政、市场机制以及所有制结构，又在微观层面调控税收、工资、外汇、关税、就业等。该计划使波兰经济得到恢复和发展，并走向正轨。1994—1997年，波兰的人均GDP平均每年增长了6.4%，人民生活水平有了很大的改善。[②] 2004年5月1日，波兰正式加入欧盟，标志着波兰经济

---

① 姬文刚. 波兰的经济转型及社会发展：阶段、成就与挑战[J]. 欧亚经济，2018（4）：57.

② 姬文刚. 波兰的经济转型及社会发展：阶段、成就与挑战[J]. 欧亚经济，2018（4）：58.

进入发展的关键阶段。在2008年国际金融危机的重创下，波兰经济也受到一定的影响，出现了明显的回落。尽管如此，波兰经济建设依然取得了辉煌的成就。

波兰位于中欧东北部，风景宜人，资源充足，气候温暖。波兰也是一个联系东西欧国家的枢纽。因此，波兰既有西方的文化属性，又受到东方文化的影响。波兰文化中的基督教传统、人文主义、理性主义、科学、民主等都是西方传统文化的典型代表。波兰境内教堂众多，宗教氛围浓厚。在波兰，天主教信奉者的比例高达95%，其余5%的人信奉东正教或基督教。对波兰的大多数人来说，每周去教堂是一项必不可少的活动。波兰也受到东方文化的影响。波兰人是西斯拉夫人的一个重要分支，波兰语属于印欧语系斯拉夫语族中的西斯拉夫语支。尽管波兰语受到拉丁语的影响，但其语言仍然保留了斯拉夫语支的基本特征。同时，波兰国内的"泛斯拉夫主义"思潮以及东欧化的社会发展模式，也是因为波兰受到东方文化的影响。虽然波兰的文化具有双重属性，但它仍以西方文化主。

1999年9月1日，波兰开始实施全新的教育制度，规定小学为六年制，初中为三年制，高中为三年制，高等教育为四年制或五年制。克拉科夫雅盖隆大学、华沙大学、波兹南密茨凯维奇大学、华沙工业大学等高校成为波兰著名的高等学府。

第二节
波兰的民族政策

一、"波兰第一共和国"解体前后的民族政策

1505年的宪法规定，未经议会同意，国王无权颁布法律。这标志着波兰结束了封建等级君主制，迎来了"贵族共和"时代。1569年7月1日，波兰王国和立陶宛大公国在卢布林经过多次讨论，决定成立统一的"波兰第一共和国"，史称"卢布林联合"。当时，波兰国内有波兰族、立陶宛族、白俄罗斯族、乌克兰族以及俄罗斯族等多个民族。在民族政策上，波兰政府采取了压制策略，引起了国内各族人民的不满，国内民族矛盾不断激化。

从1772年开始，俄国、普鲁士、奥地利对波兰先后进行了三次瓜分。1795年，存在了800多年的波兰国家灭亡。被异族统治的波兰人民并没有放弃抵抗，而是积极开展反侵略斗争。

1809年，拿破仑先后打败了奥地利、普鲁士和俄国，建立了华沙公国，华沙公国成为法兰西的"卫星国"。拿破仑失败后，短命的华沙公国被列强肢解：波兰西部地区成为波兹南公国，受普鲁士管辖；奥地利在克拉科夫建立了克拉科夫共和国；沙俄在波兰的主要地区建立了波兰会议王国，由沙皇兼任

国王。

1848年，波兰人民掀起革命浪潮，迫使统治者废除农奴制度。1863年，人民起义遍及整个波兰。1864年3月2日，沙皇政府不得不颁布解放农奴的法令。虽然波兰的民族起义最终以失败告终，但它使封建农奴制得以废除，波兰就此走上了资本主义道路。

到19世纪80年代，受外族统治的波兰基本完成了工业革命，工人阶级开始登上政治舞台，社会主义思想得得到传播。1914年，第一次世界大战爆发，德国、奥匈帝国和沙皇俄国忙于战争，这为波兰的民族解放运动提供了契机。

总之，这一时期波兰民族命运多舛，在斗争中不断成长。恩格斯赞扬"波兰是'欧洲的不死战士'，是欧洲革命的'寒暑表'"。[①] 这一时期，波兰的民族政策以反侵略、争取独立为主线，波兰人民被动接受统治者制定的民族政策。

二、"波兰第二共和国"时期的民族政策

1914年，第一次世界大战爆发，波兰成为主要战场。波兰人民因此饱受战乱之苦，他们的生活更加艰难，同时更加强化了它们的抗争意识。1917年，俄国"十月革命"爆发，为波兰

---

① 马克思，恩格斯. 马克思恩格斯全集: 第29卷 [M]. 北京: 人民出版社，1972: 83.

的民族解放运动提供了契机。1917年11月16日，俄罗斯苏维埃政府发表的《俄国各族人民权利宣言》宣布，在民族事务委员会下设波兰委员会，具体负责波兰的民族解放事务。1918年8月28日，俄罗斯苏维埃政府承认波兰人民享有独立和统一的权利。1918年11月18日，华沙临时政府宣告成立，由毕苏茨基担任国家元首，莫拉契夫斯基担任总理，"波兰第二共和国"正式建立。1921年3月，波兰议会通过了复国以来的第一部宪法，该宪法确定波兰的政体为议会制。

　　1919—1921年，俄罗斯苏维埃联邦社会主义共和国（简称"苏俄"）与波兰发生了军事冲突。因边界线的划分问题，波兰于1920年向苏俄发动战争，史称"苏波战争"。1921年3月18日，俄、波双方在拉脱维亚的首都里加签定了《里加条约》。依照《里加条约》，波、俄双方约在寇松线以东设立分界线，这场战争致使苏俄的大片领土被分割，这也成为第二次世界大战中苏联参与瓜分波兰的原因。另外，划归波兰的白俄罗斯西部地区的面积有11.29万平方公里，其中有70%的居民为白俄罗斯人。因此，《里加条约》规定，波兰政府要为民族文化的自由发展、宗教信仰和传统提供支持，允许居住在波兰的其他民族使用母语；给予俄罗斯族、乌克兰族和白俄罗斯族等民族平等的权利，以确保其文化、语言、宗教信仰和传统的自由发展；波兰境内的俄罗斯族、乌克兰族和白俄罗斯族等少数民族公民有权在波兰立法范围内推广其母语，设立学校，组建协会和工会，发展本民族的文化。1921年3月，波兰颁布的宪法对民族政策给予了重视。宪法赋予了少数民族各项权利，其中包括：少数民族拥有全面保护生命和财产的权利；不分原籍、国籍、语言、种族或宗教信仰，法律面前人人平等；承认少数民族的所有权和自由权以及组建民族组织的权利。[①] 令人遗憾的是，毕苏茨基领导下的波兰政府开始走向独裁之路。1935年，波兰再次修改宪法，各族人民的权利被剥夺，这引起了波兰人民的强烈不满。同时，由于国际形势的变化，波兰要面临来自德国和苏联的强大压力。1939年9月1日，德国突然对波兰发动战争，不到一个月的时间，德军就占领了波兰首都华沙。1939年9月28日，"波兰第二共和国"宣告灭亡。

总之，这一时期波兰民族政策有了明显的发展，建立了比较完整的法律体系，为各民族的发展提供了法律保障。虽然1921年宪法规定的民族政策到了"波兰第二共和国"统治后期形同虚设，但它为后来波兰解决民族问题提供了许多宝贵的经验。

---

① Крупская. Ю. В., Соколов. М. Н. Политика Польских Властейв Отношении Балорусского Населени в Составе Полъши（1921–1939 ГГ.）Вобласти Образование[EB/OL]. [2019.08.15]. https: //elib. bspu. by/bitstream/doc/4658/1/21. pdf: 2.

三、"二战"后波兰的民族政策

"二战"爆发后，波兰人民面对再次亡国的残酷现实并没有消沉。波兰沦陷后，以西科尔斯基为首的波兰流亡政府在法国成立，并在法国政府的支持下组建了波兰军队，之后转移至英国。同时，波兰流亡政府与英国政府签订了军事协议，建立了一支约有3.4万人的军队，加入英伦三岛保卫战。

这一时期的苏波关系较为复杂。1939年，德国突袭并占领波兰，英国面对德国的军事压力，选择与苏联合作。随后，波兰流亡政府也与苏联政府合作，双方于1941年7月12日签订了《互助协定》，同意恢复外交关系，并在反法西斯战争中互利互助。[①] 1942年，波兰流亡政府在波兰国内建立了国民军。同年，苏联支持的波兰共产党人建立了波兰工人党，并在苏联组建了一支人民军，由苏联政府提供一部分军费。

在第二次世界大战中，波兰实际形成了两股武装力量：一股是由波兰流亡政府领导的武装力量，另一股是波兰工人党领导的武装力量。虽然这两股力量都在进行反法西斯斗争，但它们的政治立场不同。这两股抵抗力量为了各自的利益，对战后波兰的领导权进行了激烈的争夺。

1943年11月，波兰工人党宣布了自己的政治纲领。该纲

---

① 国际条约集（1934—1944）[M].北京：世界知识出版社，1961：332.

领宣称，解放后的波兰将是一个"自由和独立的波兰"，国家政权应该掌握在代表工人、农民和知识分子的手中，国家将实行大工业、银行和交通运输业的国有化，并进行土地改革。在边界问题上，该纲领提出，"要确立公正、合理的波兰边界，在西部和北部应当恢复波兰固有的土地，在东部应按民族自决原则建立民族边界"。[①] 1943年12月15日，以工人党为主的14个波兰政治团体联合发表了《社会政治和军事组织民主宣言》（简称《民主宣言》）。《民主宣言》宣布，"全国人民代表会议"是最高权力机构，时机一旦成熟就会建立临时政府，制定和颁布新的宪法。1943年12月31日，波兰工人党等组织在华沙地区秘密召开了"全国人民代表会议"。这次会议选举波兰工人党领袖贝鲁特为主席，并统一国内武装力量。1944年7月21日，波兰民族解放委员会宣告成立，并发表了《七月宣言》，宣布新建立的国家为"波兰人民共和国"。1944年12月31日，波兰民族解放委员会改组成为波兰人民共和国临时政府。这就造成波兰两个政权的局面：一个是远在英国伦敦的波兰流亡政府；另一个就是波兰人民共和国临时政府。为了得到苏联的支持并获取波兰政权，波兰流亡政府与其领导下的武装力量于1944年8月对德军发动了进攻，史称"华沙起义"，但起义以失败告终。

---

① 孔寒冰. 东欧史[M]. 上海：上海人民出版社，2010: 244.

1945年1月5日，苏联承认波兰人民共和国临时政府。之后，苏波军队解放了波兰全境。战后的波兰进入了新的社会发展时期，这一时期，波兰受苏联的影响很大。在波兰工人党的领导下，波兰人民努力恢复国民经济，进行社会主义建设。1952年，波兰通过了《波兰人民共和国宪法》，宪法明确规定，国家名称为"波兰人民共和国"，首都为华沙。在《波兰人民共和国宪法》中，关于民族权利的规定较为笼统，对民族问题并不重视。宪法未直接提及少数民族问题。实际上，从20世纪40年代末开始，波兰政府就推行"民族同化"政策，即"波兰化"政策。波兰政府甚至公开表明，少数民族的身份会对个人的社会职位、受教育的机会等造成不利影响。这种"民族同化"政策引起了少数民族的不满。

1956年，苏联最高领导人赫鲁晓夫推行"去斯大林化"的政策，这对整个东欧社会主义国家阵营产生了巨大的影响。1956年6月，波兹南市斯大林机车车辆厂工人要求提高工资、降低物价，由此引发了"二战"后波兰的第一次社会危机，史称"波兹南事件"。尽管这次事件最后被政府平息，但社会危机仍未消除。为了稳定国内局势，波兰政府在民族政策上的态度较为温和。1956年10月以后，波兰社会出现了所谓的"民族解冻时期"。政府开始逐步完善少数民族政策，承认少数民族享有平等的权利。然而，这种民族政策并未持续太长时间。20世纪60年代末，波兰民族政策主要以反对和压制犹太民族为主，导致犹太民族人口在波兰锐减。"1945年，波兰疆域内的犹太族人口数量达25万左右。从20世纪40年代开始，犹太族人口呈现快速下降趋势。到20世纪70年代初，波兰境内的犹太族不到1万人。"①

20世纪70年代以后，波兰社会开始进入动荡时期。1980年，波兰出现罢工浪潮，各地开始出现独立的自治工会组织，其中就包括团结工会。团结工会不断扩大，逐渐在波兰政局中占有一席之地，成为波兰政治中一股不可忽视的力量。1981年9月，团结工会明确提出，要推翻现行的社会制度，建立多党合作制。这一时期，国家对原有的民族政策进行了调整，少数民族的地位有所提高。1989年9月12日，团结工会联合了民主党和统一农民党，建立了联合政府，进行联合执政。1989年12月29日，波兰国家议会通过宪法修正案，国名由"波兰人民共和国"改为"波兰共和国"，史称"波兰第三共和国"。

这一时期，波兰非常重视民族问题。1989年11月，波兰设立少数民族事务局，专门处理少数民族财政、文化建设等相关问题。这一时期，部分少数民族获得了参与管理国家事务的权利。其中，具有代表性的少数民族是波兰境内的德意志族。"对

---

① 杨友孙. 社会主义波兰的犹太民族政策初探[J]. 当代世界社会主义问题, 2008（3）: 86.

少数民族的优惠政策使德意志族候选人参加了1991年的议会选举，并且在议会中组成了'德意志使者圈'，议会中的少数民族委员会在这方面具有不小的功劳。"① 因此，德意志族对波兰国家的态度有了很大改变。

1997年，波兰通过了新宪法。新宪法指出，"波兰共和国是波兰所有公民的共同财产和权利，保障公民的安全"。新宪法特别指出，公民不分族籍和职业，一律平等。新宪法明确规定了少数民族的各项权利。例如，新宪法的第35条明确规定，波兰共和国尊重与保障少数民族成员具有使用本民族语言文字、拥有保持和发展本民族的社会风俗、生活习惯和传统文化的自由。少数民族有权建立本民族的教育、文化组织，有宗教信仰自由的权利。2005年1月6日，波兰共和国议会通过了一项关于少数民族的法案。根据该法案第2条规定，波兰承认国内有下列少数民族：白俄罗斯族、捷克族、立陶宛族、德国族、亚美尼亚族、俄罗斯族、斯洛伐克族、乌克兰族和犹太族等。人口较少的民族有列罗姆族、鞑靼族等。需要指出的是，由于历史原因，乌克兰族成为波兰少数民族中人口较多的族裔。因此，在这一时期，波兰政府非常重视乌克兰族的发展，对乌克兰族的语言、文化、教育等提供了实质性的支持。

---

① 甘茨卡娅. O. A. 波兰国家政治中的少数民族问题（1945—1997年）[J]. 吴扎拉，译. 世界民族，2001（5）：26.

第二次世界大战后，波兰的民族政策复杂而多变。与其他斯拉夫国家相比，波兰的民族政策主要有以下三个特点。第一，波兰政府对少数民族的态度具有明显的倾向性。例如，明显压制犹太族、德意志族和乌克兰族，而对其他民族较为宽松。第二，少数民族的人口数量占波兰总人口的比例极少。2002年波兰人口普查统计数据显示，少数民族主要有：白俄罗斯族、乌克兰族、俄罗斯族、德意志族、捷克族、斯洛伐克族、莱姆基斯族、柬埔寨族、亚美尼亚族、犹太族、卡拉特族、立陶宛族、鞑靼族、卡舒巴族、西里西亚族等。几乎97％的居民宣称自己是波兰族。这说明，波兰已经是一个统一的单一制民族国家。第三，波兰的少数民族政策受国内政治局势影响较大。在不同时期，政治局势的波动直接影响到国家对少数民族的政策。因此，在"二战"后，波兰国内政局始终起伏不定，导致其少数民族政策在"二战"前后存在很大的差别。总之，当代波兰社会和政府特别关注少数民族的发展，并且认为，合理的民族政策是当前及未来波兰社会保持稳定的必要条件。

第三节
波兰的民族教育政策

一、"波兰第一共和国"解体后的民族教育政策

1795年，惨遭三次瓜分的"波兰第一共和国"宣告解体。在此之前，启蒙思想在波兰得到广泛传播，促进了波兰文化和教育的快速发展。"波兰第一共和国"解体后，波兰国家一分为三：沙俄统治下的波兰议会王国，普鲁士统治下的波兹南公国，奥地利统治下的克拉科夫共和国。各个地区推行了不同文化与教育政策，致使原有的波兰文化与教育被迫中断。

（一）沙俄统治区的民族教育政策

1809年，拿破仑建立了华沙公国，成立了民族教育委员会。民族教育委员会下设专门的教育部门，以便更好地解决波兰人民的教育问题。华沙公国通过了《组织城市和农村学校》法案。该法案明确指出，整个教育系统由小学、中学、职业和高等学校组成。同时，教育主管部门试图将西欧的教育教学思想引入波兰。

拿破仑战败后，华沙公国被瓜分。华沙公国的大部分土地和人口置于沙俄统治之下。1830年，沙俄政府开始采取打

压政策，强制推行"俄罗斯化"的民族教育政策，波兰民族面临巨大的生存危机。在这种情况下，波兰人试图通过教育来保存本民族的文化与传统。19世纪五六十年代，沙俄同意波兰议会王国对学校教育进行改革。1862年5月，《公共教育法案》正式颁布。该法案明确规定，允许在学校教育中恢复使用波兰语。

然而，1864年"一月起义"失败后，学校改革被迫中断，沙俄统治者采取了高压的民族政策，占领区的"俄罗斯化"进程加快。这种高压的民族教育政策涵盖了各级各类教育，学校彻底取消了波兰语、波兰历史、波兰地理和波兰文学等课程。到1886年，波兰的小学教育水平明显下降，文盲人数占波兰总人口的83％。波兰的大学全部使用俄语授课，这种教育政策一直持续到1914年。

沙俄统治区的民族教育政策遭到波兰人民的持续抵抗。家庭教育成为民族传统教育的主要方式，妇女在其中发挥了特殊作用。私立学校（特别是私立中学）也发挥了重要作用。

（二）普鲁士统治区的民族教育政策

普鲁士统治区的教育政策与其他两个地区的教育政策有所不同。在西里西亚、波美拉尼亚和所谓的"普鲁士东部"地区，从一开始就实行了"德国化"的政策。起初，普鲁士人并没有表现出他们的真实意图，因此，其统治区的波兰教育体系完好无损。在普鲁士国王统一德国后，德国民族主义运动的兴起推动了波兰民族的"德国化"，私立学被迫关闭，文化和教育组织活动受限，不遵守强制性要求的教师被解雇，许多波兰人不得不移居国外。由于普鲁士统治区没有大学，波兰人只能在德国或其他国家学习，居里夫人就是其中的典型代表。

19世纪上半叶，欧洲国家处于民族运动蓬勃发展时期，浪漫主义思潮得到迅速发展，很快发展成为全欧洲的文化思潮。在东欧地区，这种思潮与民族复兴、民族解放运动有着密切的联系。由于普鲁士对统治区具有良好的控制机制，所以学校系统的斗争极为困难，而其他领域的活动是在法律允许的范围内进行的。19世纪末，波兰儿童甚至被剥夺了使用波兰语的权利，这引起了波兰人民的强烈抗议。这些抗议活动很快蔓延到西里西亚、波美拉尼亚等地区。

（三）奥地利统治区的民族教育政策

奥地利统治区的民族教育可分为两个时期，即"前自治时期"（1772—1867年）和"自治时期"（1867—1918年）。18世纪末到19世纪上半叶，是奥地利统治区教育发展的困难时期。这一时期，由于奥地利国家教育委员会的相关改革并没有覆盖到奥地利统治区，所以该地区的教育教学仍然处于较低水平。奥地利政府认为，波兰只是一个临时的占领区，没有必要进行"投资"。因此，奥地利统治区的经济水平和文化生活水平较低。到了19世纪初，奥地利统治区的部分儿童可以去公立学校学习。因此，为了推行"民族同化"政策，奥地利皇帝约瑟夫二世建立了包括克拉科夫大学在内的几所大学。在19世纪60年代，奥地利统治区内的加利西亚获得了自治权。加利西亚的自治为波兰民族教育带来了希望。1866年，加利西亚政府通过立法，设立了学校教育委员会，努力改革原有的教育制度。经过长时间的讨论，学校教育委员会于1873年批准了以下三项关于学校的规定：在公立学校开展义务教育，设立教师岗位，设立对公立学校进行统一管理的机构。这为公立学校的运行提供了保障。同时，学校可以用波兰语开展教学。因此，在这一时期，奥地利统治区的教育得到了一定的发展。

虽然统治者对波兰采取了不同的教育政策，但本质都是一种"民族同化"政策，波兰的民族文化与教育在夹缝中缓慢发展。同时，不同的教育政策给波兰留下了不同的文化烙印，并产生了深远的影响。这也是现代波兰文化既有西方属性，又有东方属性的重要原因之一。

二、"波兰第二共和国"时期的民族教育政策

波兰重获独立之后面临各种问题。100多年的分裂导致波兰国内不同地区的文化和教育存在很大的差异。努力加强民族认同感，形成统一的波兰民族意识成为重中之重。因此，民族教育问题引起了波兰政府的极大重视。之前，波兰三个统治区被迫实行不同的教育制度，这对形成统一的民族意识带来了巨大的阻力。1919年2月9日，波兰政府颁布了《波兰义务教育法案》。该法案规定，7—14岁的学生需要接受免费的义务教育。不久，波兰政府又制定了中等教育和高等教育法规。为了尽快消除外族统治对波兰文化的消极影响，波兰政府规定，在中小学开设波兰语、波兰历史、波兰地理等课程，以此培养波兰人的民族自尊心和民族自豪感。这一时期，波兰教育得到快速发展。到1939年，波兰儿童的入学率已达到91%，文盲人数也快速下降。同时，波兰高等院校的数量明显增加，达到32所。

这一时期，波兰政府明确提及少数民族教育政策的法律规范主要是在1921年3月通过的《里加条约》和波兰政府颁布的宪法。在《里加条约》中，波兰政府明确提出：波兰政府要为民族文化自由发展、宗教信仰、传统提供支持，允许居住在波兰的其他少数民族使用母语。同时，该条约也明确提出：

波兰给予俄罗斯族、乌克兰族和白俄罗斯族等少数民族平等
权利，确保文化、语言、宗教信仰、传统等自由发展。波兰
政府有义务为俄罗斯族、乌克兰族和白俄罗斯族等少数民族
提供良好的学校教育和语言教育。1921年通过的波兰的宪法
则以立法形式保障了少数民族的各种权利。例如，在民族教
育方面，宪法明确规定，公立学校要为少数民族提供义务教
育，要为优秀的学生提供奖学金。这一时期，波兰教育政策
的重点在于：努力发展教育，扩大教育机构，增加知识分子，
消除殖民化的影响。

1924年7月31日，波兰通过了《少数民族学校语言和组织
法》。该法案规定，波兰政府要为波兰所有民族的儿童提供同
等的教育权利。此后，在波兰少数民族聚居的地区出现一些双
语学校。尽管学校存在强制推行波兰语教育的情况，如开设波
兰语文、波兰历史等课程，但在一定程度上提高了少数民族的
受教育水平，文盲人数大大减少。

20世纪20年代，波兰政府制定了统一的教育制度，并推行
了重视少数民族教育的相关政策，在一定程度上对民族融合起
到了促进作用。因此，这一时期波兰推行的民族教育政策都带
有浓厚的政治色彩。20世纪30年代，波兰逐渐走上了独裁统治
的道路，致使国内政局动荡，而外部也面临来自德国和苏联的
强大压力。因此，这段时期少数民族教育受到了很大的影响，

双语学校与民族学校被迫关闭。1927—1928年，在白俄罗斯西部地区就有29所白俄罗斯民族学校；1933—1934年，白俄罗斯学校的数量减少到16所。1938—1939年，白俄罗斯西部地区已经没有白俄罗斯民族学校。1939年，德国闪击波兰，波兰再次亡国，波兰的文化与教育再次中断。

三、"二战"后波兰的民族教育政策

1939年9月，德国击败波兰，占领了波兰的北部和西南部。苏联军队则进入了乌克兰西部和白俄罗斯西部。波兰开始了反抗法西斯的斗争，开展了各种形式的抵抗运动。这一时期，波兰的所有学校被迫关闭，小学和职业学校的课程发生了巨大变化，取消了波兰历史、波兰地理和体育训练等课程，波兰语课程也被取消。德国法西斯政府鼓励波兰儿童阅读德国杂志。职业学校只为德国工业培养技术工人。波兰知识分子受到打压，波兰的民族文化受到摧残。在德国法西斯统治期间，有3000多名波兰中学教师失踪，1.3万名小学教师牺牲，其比例占教师总数的35％。此外，校舍、教育设备和图书馆也遭到了严重的破坏。[①] 当时，波兰社会开始组织群

---

① Studfiles. Образование в Период Строительства Социализма[EB/OL]. [2019. 08. 15]. https://studfiles.net/preview/4410619/page: 47/.

众建立"地下大学",开展"地下教育"活动。"地下大学"约有10万名高中生和1万多名大学生,他们秘密接受了"地下教育"。为了民族生存,保存民族文化,波兰的有识之士积极开展救亡图存的民族教育运动。例如,早在1939年10月,波兰已经出现了一个秘密的教师组织,这个组织一直都在秘密开展"地下教育"工作。

"二战"结束后,波兰的教育有了巨大的发展。波兰政府认为,教育的主要目标之一是加强波兰民族的文化融合,尤其要为农村居民和城市工人提供接受教育的机会,从而建立一个包括波兰所有阶层的教育系统。

20世纪40年代末,波兰政府对少数民族教育推行"民族同化"政策。比如,在少数民族聚居地区设立学校,鼓励儿童入学,推行"波兰化"的教育政策。一些波兰政府官员甚至宣扬,成为波兰族籍的少数民族儿童,能够获得与波兰族儿童同等的权利。波兰政府试图通过教育来形成统一的民族认同感,但效果并不好。

20世纪50年代中期,波兰的少数民族迎来了"解冻期",政府开始支持少数民族的文化建设。波兰政府专门成立了管理民族事务的机构,并提供少数民族教育与文化发展所需的资金,一些地区出现了民族学校和双语学校。例如,政府允许乌克兰族回到原居住地,并提供一些资金用于发展民族文化。但这种宽松的民族政策并未持续多久。由于波兰国内政治局势变化与经济发展出现困境，一些民族学校被迫关闭，少数民族受教育的权利未得到真正落实。

　　我们以波兰的犹太族为例。在复国初期，波兰政府对犹太族采取平等政策，犹太族跟其他民族一样，享有同等受教育的权利。到了20世纪60年代，波兰政府进行独裁统治，极力打压少数民族。因此，波兰政府对犹太族采取了驱逐政策，致使波兰境内的犹太族人口锐减。①

　　波兰第三共和国建立之后，少数民族政治团体获得了一定的权力，因此，波兰少数民族的处境得到改善。在少数民族文化政策的制定上，波兰政府力求防止出现以下两个问题：一是少数民族文化的"同化"问题，二是少数民族文化的"孤立"问题。波兰政府的目标在于：实现各民族融合，培养民族认同感，维护国家统一。从1989年开始，全国的媒体对少数民族开放。例如，在一些少数民族人口较多的城市，出现一些少数民族语言类节目。其中，在波兰东北部最大的城市——比亚韦斯托克市，其广播电台采用白俄罗斯语、乌克兰语以及立陶宛语来播放节目，而在波兰南部地区的卡托维兹市与奥波莱市，则推出了德语广播节目。一些少数民族的报刊、协会、教育机构等也

---

① Charles Hoffman. The Gray Dawn: The Jews of Eastern Europe in the Post-Communist Era[M]. New York: Harper Collins Publishers, 1992: 256.

逐渐发展起来。政府也会提供一些经费来支持少数民族事业的发展。

1991—1993年，波兰政府相继颁布了一些有关少数民族参政的法律法规，这为少数民族参与国家管理提供了良好的法律保障。1991年，波兰加入了中欧倡议国组织（Central European Initiative），成为该组织的成员之一，并致力于妥善解决少数民族问题。1991年11月26日，波兰政府签署了《欧洲人权公约》，并对欧洲人权委员会与欧洲人权法院做出人权保障的承诺。同年，波兰政府出台了《波兰教育法》。波兰教育主管部门以该法案为依据，相继实施了一系列的教育政策，其目的是为少数民族的教育提供必要的保障。1995年2月1日，波兰签署了《欧洲保护少数民族框架公约》。同年，波兰政府出台了《保障少数民族与少数族裔权利法》（简称《权利法》），并贯彻落实。《权利法》对波兰少数民族进行了明确的界定，即"与其他公民相比，任何少数团体、集体或群体，都属于少数民族"。同时，《权利法》强调所有公民的平等权利，不允许任何国家组织或个人强迫波兰少数民族公民选择族籍。少数民族公民有权创建自己的民族组织或团体，有权使用自己的母语。根据《权利法》，政府在部长会议管理局下设少数民族事务全权管理处，内设少数民族委员会，负责少数民族的日常事务管理工作。

从20世纪90年代初开始，波兰先后出现了100多个具有一定影响力的少数民族团体。同时，一些人口较多的少数民族也建立了本民族的政治团体。例如，白俄罗斯族成立了"白俄罗斯人民民主联合会"。1997年，波兰通过了新宪法。并以立法的形式确立了少数民族的权利。为了更好地保护与发展少数民族的文化，波兰政府还建立了少数民族文化管理小组，通过组织和宣传各少数民族的文化活动，提高它们的国家认同感，消除各民族之间的隔阂。

进入21世纪，波兰少数民族的儿童教育有了很大的改善。虽然波兰国内非波兰族的学生人数不断下降，但专门以一种或几种少数民族语言进行授课的少数民族学校有100多所。而当前更多的少数民族学校是双语学校，在这些双语学校中，以波兰语授课为主，一部分课程采用少数民族语言授课。在开班方面，以少数民族语言进行教学的小学和初中，每个班至少由7名少数民族学生参加学习；以少数民族语言进行教学的高中，每个班至少有14名少数民族学生参加学习。在学习科目方面，少数民族的地理、历史属于必修课程。

自2004年9月起，所有学生都可以向学校申请参加少数民族语言考试，也可以参加波兰语的结业考试。学校还可以使用少数民族相关语言文字进行考试，并对少数民族的历史、地理等科目设置考试。在双语学校，学生可以选用少数民族语言参加大学入学考试。当然，学生也可以选用波兰语。波兰的少数民族家庭更愿意把孩子送到双语学校。他们认为，如果孩子不能熟练掌握波兰语，将来很难找到体面的工作，获得较高的社会地位。

自1989以来，波兰政府在对待少数民族的态度上出现了很大的转变。2004年，波兰成为欧盟的新成员，承诺遵守《欧洲保护少数民族框架公约》《欧洲地区少数民族语言宪章》等有关少数民族人权的相关条约。在国家层面，波兰政府结合本国国情，通过立法来推行相关的民族政策。波兰政府实际出台的民族政策相对较少，保护和实现少数民族权利的主要形式是设立大量的民族机构。然而，政策法规的执行和民族机构的运行始终处于被动地位，所以波兰政府不断遭到欧盟和其他非政府组织的批评与指责。

捷克的民族教育政策

第一节
捷克概况

一、自然概况

1993年1月1日，捷克共和国（简称"捷克"）从捷克斯洛伐克联邦共和国正式分离出来，成为一个独立的国家。捷克属于中欧地区的内陆国家，东靠斯洛伐克，南邻奥地利，西接德国，北毗波兰，国土总面积为7.88万平方公里。捷克的国土面积较小，地形多样，高地、丘陵和盆地交错分布。捷克北部地区有克尔科诺谢山，南部地区有舒玛瓦山，东南部地区为摩拉维亚高原，境内海拔最高的山峰为格尔拉霍夫斯基峰。捷克分为两大地理区域：一是位于西部的波希米亚高地，二是位于东部的喀尔巴阡山地。全国丘陵起伏，森林密布，风景秀丽。捷克属于海洋性与大陆性气候过渡的温带大陆性气候。受气候与地形的共同影响，捷克夏季温暖湿润，冬季也不寒冷。捷克国内的褐煤、硬煤以及铀矿储量非常丰富，其中褐煤储量列世界第三位，硬煤储量位列欧洲第五位。[①]

二、人文概况

6世纪上半叶，一部分斯拉夫人迁移到了现在的捷克和斯洛伐克地区，并且在此定居。此后，迁徙至斯洛伐克、波希米亚及摩拉维亚地区的西斯拉夫人在7世纪建立了萨摩公国，并在830年建立了大摩拉维亚帝国。到了9世纪末，波希米亚地区的斯拉夫人逐渐脱离摩拉维亚帝国，在捷克地区建立了捷克公国，为捷克民族的形成奠定了基础。到了12世纪后期，捷克公国出现了内忧外患：内部出现封建势力割据局面，外部受到德意志帝国的威胁。12世纪后半叶，德意志帝国统治了捷克公国，而捷克公国改名为捷克王国，成为德意志帝国的附属国。此后，捷克王国受日耳曼文化的影响巨大，其影响甚至超越了占主导地位的斯拉夫文化。1620年，捷克王国被奥地利哈布斯堡王朝

---

① 中华人民共和国外交部. 捷克国家概况 [EB/OL]. [2021.07.01]. http://new.fmprc.gov.cn/ web/gjhdq_676201/gj_676203/oz_678770/1206_679282/1206x0_679284/.

吞并。第一次世界大战后，奥匈帝国瓦解。1918年，捷克与斯洛伐克合并，共同组建了捷克斯洛伐克共和国（简称"捷克斯洛伐克"）。1938年，根据《慕尼黑协定》，捷克斯洛伐克的苏台德地区被迫割让给了德国，1939年3月，捷克斯洛伐克被德军占领。直至1945年5月9日，捷克斯洛伐克才在苏联军队的支持下获得解放。1948年2月，捷克斯洛伐克共产党开始执政。1960年7月，捷克斯洛伐克共和国改为捷克斯洛伐克社会主义共和国。1989年11月，捷克斯洛伐克社会主义共和国开始实行多党议会民主制，国名改为捷克斯洛伐克联邦共和国。此后，捷克斯洛伐克联邦共和国国内政局始终处于动荡不安的状态。1992年12月31日，捷克斯洛伐克联邦共和国宣布解体。1993年1月1日，捷克共和国和斯洛伐克共和国宣告独立。

捷克是一个多党议会制国家，实行两院制，即国会分为上议院与下议院。总统由两院共同选举产生，每届任期5年。总统权力受到很大的限制，国家的多数决议均出自国会。但在特殊情况下，总统有权解散国会。同时，总统有权提名总理与内阁成员。从2013年1月开始，捷克总统由两院共同选举产生改为由选民直接选举产生。

在行政区域的划分上，捷克有14个大行政区，其中包括首都布拉格市。布拉格市既是捷克的首都，又是捷克最大的城市。

在经济方面，从2006年开始，捷克步入发达国家行列，人

民生活水平较高，在东欧国家中位居前列。捷克原为奥匈帝国
的工业区，继承了奥匈帝国70%的工业。其中，机械制造业、
冶金工业、纺织业与玻璃加工与制造等工业发展较好。同时，
旅游业、农业与对外贸易也是捷克经济的重要支柱。2016年，
捷克的粮食总产量为859.6万吨；旅游业的产值为111亿美元；
对外贸易总额为3048亿美元，其中出口额为1627亿美元，进口
额为1421亿美元。2009年，受国际金融危机的影响，捷克经济
出现下滑。2010年，捷克的GDP为1921.52亿美元，人均GDP
为18288美元。从2010年开始，捷克经济"在徘徊中前进"。
2018年，捷克的GDP为2222亿美元，同比增长了3%。2019年，
捷克的GDP为2465亿美元，同比增长2.6%。[①]

在教育方面，捷克实行九年制义务教育。2019—2020年，
捷克的幼儿园共有5304所，九年制义务学校共有4192所，高中
（含职业技术学校）共有1284所，大学共有60所。[②] 查理大学、
捷克技术大学、马萨里克大学以及布拉格经济大学等都在世界
上享有盛誉。

截至2020年12月30日，捷克共和国境内的总人口为1070
万人，国内主体民族为捷克族，约占总人口的94%，官方语言

---

① 中华人民共和国外交部. 捷克国家概况 [EB/OL]. [2021.07.01]. http://new.fmprc.gov.
cn/web/gjhdq_676201/gj_676203/oz_678770/1206_679282/1206x0_679284/.

② 同上。

为捷克语。^① 捷克境内存在摩拉维亚族、斯洛伐克族、德意志族、波兰族、罗姆族等14个少数民族，约占总人口的6%。其中，斯洛伐克族是人口最多的少数民族，约占总人口的2.9%；其次是德意志族，约占总人口的1%。^② 捷克少数民族问题几乎伴随国家发展的整个历程。特别是在两次世界大战期间，捷克饱受极端民族主义、民族分离主义的困扰。1993年，独立后的捷克共和国吸取了惨痛的历史教训，对国家和民族的发展进行了较为合理的规划。独立后捷克的民族政策是成功的，民族问题不再是捷克政府面临的主要问题。当前，捷克政府的民族政策目标是：在维护捷克族占主导地位的前提下，保持境内各民族的平等与自由，维护社会稳定。

---

① 中华人民共和国外交部. 捷克国家概况 [EB/OL]. [2021.07.01]. http://new.fmprc.gov.cn/web/gjhdq_676201/gj_676203/oz_678770/1206_679282/1206x0_679284/.

② 同上。

第二节
捷克的民族问题及其民族教育政策

一、捷克的民族问题

独立初期，捷克在少数民族的基本权利方面并未构建完善的法律体系，宪法中的相关规定也较为笼统。因为捷克刚独立不久，政权仍处于转型的关键期，而少数民族也未出现过多的矛盾，因此，政府只是希望维持现状，并未特别关注少数民族问题。但这一状况并未持续多久，境内种族主义势力不断发展、壮大，民族问题也逐渐暴露出来。从1994年开始，捷克政府把民族冲突列为威胁国家安全的主要风险之一，而加入欧盟的迫切愿望也促使捷克政府不得不关注民族问题。

当前，捷克较为突出的民族问题是罗姆族问题。大部分罗姆族聚居在捷克的北部和西部地区，文化水平普遍较低，失业率远高于捷克境内的其他民族。罗姆族几乎处于隔绝的状态。在现实社会生活中，罗姆族仍然受到大部分捷克族的歧视。在捷克政府登记的罗姆族人口不足1.2万人，但实际上生活在捷克境内的罗姆族人数有十几万。近年来，罗姆族成立了一些政治组织，旨在提高自身的民族地位，消除民族歧视，但效果并不理想。总体上看，捷克已基本完成了民族融合，少数民族的人口数量已经很少。同时，捷克各民族之间和平互动，淡化民族标签，这也是民族融合的一种体现。从国家对少数民族的管理上看，国家拥有一套完整的少数民族管理体系，并且层级分明，分工明确。

二、捷克的民族政策

1.基本权利的保护：保障人权

从20世纪90年代后期开始，捷克民族政策的主要特点是"外松内紧"，并且有意淡化族裔之间的差别。政府通过加入国际组织条约，制定、颁布本国的基本人权法案，并与专门的少数民族权利法案相结合，构成一套完整的民族保护法律体系，以保障捷克境内各民族的基本权利。1989年以后，与欧洲其他国家之间进行合作，成为捷克政府外交与国际事务的重点。其中，在有关人权保障方面，捷克政府采取的措施主要包括以下两个方面。

第一，通过了国际性的人权保障条约。在国际层面，以联合国人权保障条约为例，从1989年开始，捷克陆续通过了联合国的《消除一切形式种族歧视国际公约》《公民权利和政治权利国际公约》《儿童权利公约》等七项核心条约。在欧洲区域方面，捷克通过了《保护人权与基本自由公约》《保护少数民族框架公约》《欧洲区域少数族群语言宪章》等欧洲基本人权条约。

第二，完善本国的人权法律体系，并设立相关管理机构。宪法是人权保障的基本大法。1992年，捷克颁布了《基本权利与自由宪章》，对基本人权、公民权利等做出了明确的规定。2009年，捷克又出台了《平等待遇和反歧视法》。该法案明确规定，禁止民族歧视，各民族一律平等。上述法律的颁布，为少数民族的人权问题提供了法律保障。在机构设置方面，国家人权保障等相关事务主要由捷克宪法法院与最高行政法院负责，民族事务的管理则由少数民族理事会、人权理事会等行政机构负责。

2.具体权利的保护：完善少数民族权利法律体系

在捷克专门设立的民族权利保护法规中，最具有代表性的法规是2001年颁布的《捷克共和国少数民族权利法》（以下简称《少数民族权利法》）。《少数民族权利法》对少数民族的定义、身份保护、历史文化传承的保护以及设立相应的保护机构等方面都进行了明确的规定。《少数民族权利法》明确规定了少数民族的以下几项权利：具有参与国家相关决策制定与实施的权利，有权使用少数民族语言的权利，允许境内企业、组织、街道等使用民族语言进行标识，具有使用少数民族语言接受教育的权利，发展本民族文化的权利等。在少数民族机构设置上，《少数民族权利法》第3条对少数民族理事会进行了明确的规定：少数民族理事会成员由来自11个民族的代表（共18人）以及11名政府官员组成，理事会主席由政府官员担任。少数民族理事会曾进行过两次调整，增加了几名新的少数民族代表席位。在职能方面，《少数民族权利法》对少数民族理事会的主要职能进行了具体规定：第一，参加与捷克少数民族权利相关的活动；第二，分析与少数民族权利有关的法律法规和实施计划等；第三，为政府提供少数民族情况调查和分析报告；第四，就有关少数民族的需求问题（特别是在教育、母语使用以及社会和文化生活问题）等提出建议；第五，协调各部门在少数民族领域的政策执行情况；第六，与地方政府合作，切实监督执行少数民族领域的政策；第七，就少数民族地位和权利问题与外交部联合，推进国际合作。

捷克少数民族理事会的一项重要任务是提供财政预决算，落实捐赠程序和条件。《少数民族权利法》明确规定了财政赠款的目的：为了更有效地落实少数民族政策。当然，捷克对少数民族权利的保护并非仅限于《少数民族权利法》。在其他法案、条文以及发展计划中，对相关的少数民族权利也进行了规定与说明。例如，捷克政府在《市镇法》《州郡法》《登记法》《国家就业计划》等法律法规中明确规定了少数民族的相关权利。

少数民族管理机构的建设也较为完善。国会中的参议院、众议院均设有少数民族理事会。在地区层面，州、市以及乡镇各行政单位都设有少数民族理事会，进行民族事务管理。此外，捷克各领域还有一些少数民族的民间组织。

综上所述，虽然捷克的民族关系较为和谐，民族融合也基本完成，但从保障少数民族权利的实际情况来看，捷克的民族政策存在一定的争议。例如，捷克"放任"的民族政策看似较为宽松，为少数民族发展提供了自由空间，但从立法、实际的民族教育与文化建设等方面，捷克政府具有保障不力、态度冷漠之嫌。再如，根据《欧洲地区性语言或少数民族语言宪章》规定，捷克政府应对斯洛伐克语、波兰语、德语、罗姆语、克罗地亚语等进行保护，但实际上，这一政策的实施是被动的，效果并不显著。2016年，在欧洲委员会的多次督促下，这一政策才得以全面落实。

三、捷克的民族教育政策

捷克政府对少数民族语言、教育等问题进行了立法，并根据欧盟有关少数民族语言、教育等方面的条约，在教育体系中积极引入多元文化教育和援助计划。2004年，捷克政府颁布的《捷克共和国教育法》中对学校发展少数民族教育做出了明确规定：普通学校开设少数民族班级，需要达到最低人数标准（幼儿园8人，小学10人，中学12人）；如果学校大部分班级能够满足开班条件，该校就可以成为少数民族学校。这一规定看似较为合理地满足了少数民族发展本民族教育与文化的权利，但在实际落实过程中效果并不明显。《捷克共和国教育法》规定，开设少数民族班级，还需要满足一个前提，即学校所在城市设有少数民族理事会，而成立该理事会的条件是：该地区在上一次人口普查中有10%的人口属于某个少数民族。^① 而捷克的少数民族学校并非涵盖所有的少数民族，仅限于那些聚居程度较高的民族或"具有政治意义"的民族。例如，捷克境内的波兰族，尽管人口较少，但民族聚居程度较高，教育体系也较为完善，从学前教育到高等教育阶段均设有用波兰语进行教学的学校，这在捷克民族教育中极为少见。在捷克，"具有政治意义"的民族教育主要体现在斯洛伐克族和罗姆族的教育问题上。斯洛伐克族有着悠久的历史，是捷克境内人口最多的少数民族，并且斯洛伐克语受到《欧洲区域性或少数族群语言保护宪章》的保护。而罗姆族在捷克的社会地位较低，但人口数量在少数民族中相对较多。罗姆族语言也被《欧洲区域性或少数族群语言保护宪章》列为重点保护的语言之一。因此，斯洛伐克族和罗姆族成为捷克国家管理和日常生活中不可忽视的两个民族。迫于欧盟的压力，捷克政府不得不对斯洛伐克族和罗姆族的教育给予更多的关注。

2013年，捷克境内的波兰语幼儿园有33所，共有859名波兰族幼儿接受教育；设有波兰语的小学共有25所，分112

---

① 何山华. 中东欧国家少数民族语言教育政策取向比较——以捷克、斯洛伐克和匈牙利为例[J]. 民族教育研究，2019（1）：139.

个班级，波兰族在校学生人数为1688名；设有德语的中学有5所，分40个班级，共有757名德意志族学生接受教育；在布拉格、茨诺伊莫等地区，还有一些双语学校，开展双语教学（如"捷克语+德语""捷克语+波兰语"等）。政府还对罗姆族的学生提供资助。数据显示，2013年上半年，捷克政府共资助罗姆族学生540名，资助金额达244.7万克朗[①]。2013年下半年，捷克政府共资助罗姆族学生740人，资助金额为316万克朗[②]。

在少数民族学校方面，捷克主要存在三种类型的学校：第一类，用少数民族语言进行教学的少数民族学校；第二类，在普通学校设立的少数民族班，用少数民族语言进行教学，并设有少数民族文化、历史等课程；第三类，用少数民族语言对选修课程进行教学的普通学校。但事实上，开设少数民族学校或少数民族班需要满足一定的条件，所以前两类学校的数量较少，而以第三类学校为主。

在少数民族语言方面，由于少数民族语言在日常工作与交流中使用较少，甚至一些少数民族语言在代际传承中出现"语

---

① Council of Europe. The Third Periodical Report on the Implementation of the Undertakings Arising from the European Charter for Regional or Minority Languages in the Czech Republic[EB/OL]. [2020. 03. 21]. https://rm. coe. int/ CoERMPublicCommonSearchServices/DisplayDCTMContent?documentId=09000 016806c8310：33-39.

② 克朗是捷克的货币单位，1美元≈20克朗。

言传承危机"，一些年轻父母并不反对自己的孩子使用捷克语，反而更加主动地学习这种语言。

综上所述，与其他斯拉夫国家相比，捷克推行的民族政策并不是强制性的"民族同化"政策，其特殊之处在于：政府对少数民族采取"软性治理"，在少数民族语言、文化、教育等方面采取"外松内紧"的政策。在民族政策制定和调整上则采取"缓进微调"的方式，各民族乐于接受，甚至一些民族出现了自发式的民族融合现象。这种现象在斯拉夫国家，甚至在世界其他多民族国家中较为罕见。当然，捷克少数民族对教育的重视程度还有待提高，民族语言发展还受到一些限制。虽然捷克政府明确规定，将少数民族教育纳入国家教育体系之中，但在现实生活中，少数民族教育发展仍面临困境，这一问题主要以罗姆族的教育问题为主。

斯洛伐克的民族教育政策

第一节
斯洛伐克概况

一、自然概况

斯洛伐克共和国（简称"斯洛伐克"）位于中欧地区，是一个欧洲的内陆国家，首都为布拉迪斯拉发。1993年1月1日，斯洛伐克从捷克斯洛伐克联邦共和国当中分离出来，正式成为独立的国家。斯洛伐克东邻乌克兰，南接匈牙利，西连捷克、奥地利，北毗波兰。斯洛伐克国土面积较小，只有4.9万平方公里，与丹麦、瑞士和荷兰的面积相当。[①] 斯洛伐克地处

[①] 中华人民共和国外交部. 斯洛伐克国家概况 [EB/OL]. [2021.07.01]. https://www.fmprc.gov.cn/web/gjhdq_676201/gj_676203/oz_678770/1206_679714/1206x0_679716/.

温带大陆性气候区，四季变化较为明显。境内的平均气温为9.8℃，全年平均降水量为500—700毫米。斯洛伐克境内的河流主要是多瑙河，多瑙河流经斯洛伐克南部地区，与奥地利形成了天然的边界线。此外，斯洛伐克还有瓦赫河、赫朗河等河流。与周边国家相比，斯洛伐克地势相对较高，地形以山地为主。斯洛伐克大部分土地位于西喀尔巴阡山山区，只有西南部与东南部存在面积较小的平原。斯洛伐克森林资源资源丰富，森林覆盖率为41%。同时，斯洛伐克的水资也非常丰富，境内水资源的蕴藏量达501亿立方米，丰富的水资源主要得益于斯洛伐克境内纵横交错的河流，大部分河流属于多瑙河的分支。

二、人文概况

早期的斯洛伐克与捷克一样，曾经先后成为萨摩公国、大摩拉维亚帝国的一部分。到了10世纪初，大摩拉维亚帝国瓦解，斯洛伐克又受到匈牙利的长期统治。在匈牙利的统治下，斯洛伐克长期处于落后状态。1867年，斯洛伐克成为奥匈帝国的一部分。第一次世界大战结束后，奥匈帝国瓦解，这为斯洛伐克民族的独立带来了希望。1918年，斯洛伐克与捷克合并，组建了捷克斯洛伐克共和国。1993年1月1日，斯洛伐克脱离捷克斯洛伐克联邦共和国，成为一个独立的主权国家。

当前，斯洛伐克采取的是多党议会制的民主政治制度，并以三权分立为基本政治准则。总统既是政府的首脑，又是军事首脑。国家的最高立法机构是国民议会，国民议会实行议员制，议会人数为150人，每届任期4年。在行政区域的划分上，斯洛伐克共有布拉迪斯拉发州、特尔纳瓦州、特伦钦州等8个州。其中，首都布拉迪斯拉发既是斯洛伐克的政治、经济、文化中心，又是国内最大的内河港口城市与石油工业城市。布拉迪斯拉发分为新城区与旧城区两个部分，旧城区的历史古迹与文化遗产比较多，其中最古老和最具有代表性的建筑之一是著名的布拉迪斯拉发城堡。

在经济方面，斯洛伐克一直是一个传统的农业国家，工业基础十分薄弱。捷克斯洛伐克共产党执政后，为了缩小捷克与斯洛伐克的地区差距，逐步建立了钢铁、石化、机械、食品加工及军事工业。1989年，由于受到国际局势的影响，特别是受政治剧变的冲击，斯洛伐克采取了"休克疗法"，推行经济改革，但结果却适得其反，造成国内经济停滞不前。1993年，独立后的斯洛伐克开始推行市场经济制度，不断加强宏观调控，调整产业结构。进入21世纪，斯洛伐克政府注重营造良好的商业环境，在加强国家法制建设的同时不断推出优惠的招商引资政策，积极吸引外资。当前，斯洛伐克形成了以汽车、电子产业为核心，以出口为导向的外向型经济。2006年，斯洛伐克步入发达国家行列。2009年，受国际金融危机的影响，斯洛伐克经济出现下滑趋势，但在2010年，国内经济开始实现恢复性增长。到2018年，斯洛伐克的GDP达902亿欧元，人均GDP为1.66万欧元。与2017年相比，斯洛伐克的经济增长了4.1%。2019年，斯洛伐克的GDP为941.8亿欧元，同比增长2.3%。2020年，斯洛伐克的GDP为911亿欧元，同比下降5.2%。[①]

在教育方面，斯洛伐克实行十年制义务教育，政府对学生的食宿给予补贴。到2019年，斯洛伐克有3022所幼儿园、2074所小学、447所特殊学校、235所高中、438所中专、17所音乐学校、33所大学。2019年，斯洛伐克高校就读人数为10.5万人，其中外国留学生有1.12万人。[②]斯洛伐克著名高校有考门斯基大学、斯洛伐克技术大学、布拉迪斯拉发经济大学、马杰·贝尔大学等。

---

① 中华人民共和国外交部.斯洛伐克国家概况[EB/OL].[2021.07.01]. https://www.fmprc. gov.cn/web/gjhdq_676201/gj_676203/oz_678770/1206_679714/1206x0_679716/.

② 同上。

第二节

斯洛伐克的民族问题及其民族教育政策

民族问题始终是影响斯洛伐克国家稳定的重要因素。独立后的斯洛伐克在民族政策的制定上与捷克截然相反。独立后的斯洛伐克民族关系较为紧张，民族矛盾不断激化，民族冲突经常出现。2019年，斯洛伐克的全国总人口为545万人。其中，斯洛伐克族是全国人口最多的民族，占全国总人口的81.5%；匈牙利族是人口最多的少数民族，占总人口的8.3%；罗姆族占总人口的2%，人口较少的民族为乌克兰族、波兰族和俄罗斯族等。① 斯洛伐克的官方语言为斯洛伐克语。

一、斯洛伐克的民族问题

当前，斯洛伐克主要的民族问题是境内的匈牙利族问题。斯洛伐克的匈牙利族问题由来已久，但至今仍未彻底解决。一方面，由于历史因素，匈牙利族曾对斯洛伐克族进行过长期的压迫和统治，致使斯洛伐克族对匈牙利族存在偏见。比如，在梅恰尔执政期间（1994—1998年），政府明确规定，

---

① 中华人民共和国外交部. 斯洛伐克国家概况[EB/OL]. [2021.07.01]. https://www.fmprc.gov.cn/web/gjhdq_676201/gj_676203/oz_678770/1206_679714/1206x0_679716/.

匈牙利族代表不得进入国家少数民族事务管理部门。另一方面，匈牙利族受其母语国 —— 匈牙利[①]的民族政策影响较大。匈牙利非常重视对境外匈牙利族的保护。2001年，匈牙利政府颁布的《邻国匈牙利民族地位法》，给予境外匈牙利族享有同等的待遇，旨在增强匈牙利族的归属感。然而，这一法案的颁布引起了斯洛伐克政府的强烈不满。斯洛伐克政府认为，匈牙利政府颁布这一法案，明显是在干涉斯洛伐克的内政。同时，斯洛伐克境内的匈牙利族也非常重视民族文化的传承与发展，因此，匈牙利族要求实现民族自治，这使斯洛伐克族对匈牙利族就更加不信任了。因此，斯洛伐克社会出现了明显的"反匈"趋向。"在2010年的议会选举中，有极端民族主义者提出，要警惕斯洛伐克南部边境的斯拉夫人被匈牙利人'同化'的危险。"[②]

二、斯洛伐克的民族政策

长期以来，斯洛伐克始终处于一种被压迫的状态，极为渴望建立属于自己的国家，而东欧剧变为斯洛伐克的独立创造

---

① 2012年1月，匈牙利共和国通过新宪法，将国名更改为"匈牙利"。

② 孔寒冰. 斯洛伐克人的心结[J]. 世界知识，2011（12）：65.

了契机。因此，独立后的斯洛伐克更加希望建立以斯洛伐克族为主的国家。在民族政策上，斯洛伐克政府采用了强硬的民族政策。特别是在独立初期，斯洛伐克的少数民族处于被压迫状态。1992年颁布的《斯洛伐克共和国宪法》明确规定：斯洛伐克是以斯洛伐克族为主的民族国家，宪法保障少数民族文化、教育等基本权利，少数民族公民不得危害国家的主权，不能歧视其他公民；国家保障少数民族公民接受本民族教育的权利，以及在正式场合使用本民族语言的权利，参与和解决有关少数民族问题的权利。[①] 实际上，宪法精神并未得到全面落实。斯洛伐克政府为少数民族提供的财政支持越来越少。

斯洛伐克这种强硬的民族政策也遭到国际社会的强烈批评与反对。因此，政府开始努力实施"回归欧洲"的政治战略，签署了人权保护的共同性条约，即《欧洲区域或少数族群语言宪章》《欧洲人权公约》《欧洲保护少数民族框架公约》等。当前，在民族保护法律体系上，除了上述的国际共识性条约外，斯洛伐克的相关法律来源主要有以下两个方面：一是继承了捷

---

① Правовая Библиотека Legalns. Конституция Словакии (Словацкой Республики)
[EB/OL]. [2019. 08. 14]. https: //legalns. com/download/books/cons/slovakia.
pdf: 12–13.

克斯洛伐克时期的民族保护法案，如《基本人权和自由宪章》等；二是依据国家基本情况制定的民族保护法案，如1999年颁布的《少数民族语言使用法》和2004年出台的《斯洛伐克共和国反歧视法》。在少数民族机构设置方面，斯洛伐克政府设置相关的少数民族部门，以便对少数民族事务进行管理。因此，斯洛伐克政府专门设立了少数民族和族裔事务委员会，该委员会由少数民族代表与政府官员共同组成，主要职能在于：保护、促进少数民族的发展，关注境内少数民族的情况并及时提交报告等。实际上，该委员会属于斯洛伐克政府的咨询与协调部门。此后，该委员会进行了调整，对各少数民族代表席位进行重新设定，每个少数民族席位的设定标准以该少数民族的人口数量为依据，人口数量多则代表席位多，每个民族的代表最少1名，最多5名。从2012年开始，斯洛伐克政府增设了少数民族事务全权委员会，由政府首脑直接负责少数民族和族裔事务委员会的相关事务。

近年来，斯洛伐克对少数民族的基本权利提供了更多的法律保障，民族关系趋于缓和。但在民族政策上，斯洛伐克仍以抑制性政策为主，以便实现"以斯洛伐克民族为主导，实现多民族统一与融合"发展目标。

三、斯洛伐克的民族教育政策

斯洛伐克政府在全国大力推广斯洛伐克族的语言、文学、历史、地理等科目，很少开设少数民族的语言和文化课程。已开设的少数民族语言课程（如罗姆语、鲁塞尼亚语等）并不能满足少数民族公民的生活和工作需要。因此，大部分少数民族家长并不重视孩子对本民族语言的学习，少数民族的孩子对学习本民族的语言也缺乏兴趣。1994年颁布的《斯洛伐克共和国公共教育法》规定，教育和培训要以官方语言为主；少数民族可以用自己的母语开展教育活动，以满足各民族教育与文化发展的需求。为了满足欧盟的要求，斯洛伐克在签署《欧洲区域性或少数族群语言保护宪章》时承诺，在中小学教育中为匈牙利语、保加利亚语、克罗地亚语、捷克语、德语、波兰语和罗姆语的教学提供保障。[①] 但遗憾的是，在实际落实过程中，斯洛伐克政府并未采取积极而有效的措施。

2008年斯洛伐克颁布的《斯洛伐克共和国公共教育法》明确规定：普通学校开设少数民族班级，需要满足"国家要求的最低人数标准"这一条件才能开班授课。1—4年级的少数民

[①] 何山华. 中东欧国家少数民族语言教育政策取向比较 —— 以捷克、斯洛伐克和匈牙利为例[J]. 民族教育研究，2019（1）：138.

族儿童最低人数为6人，5—9年级的少数民族儿童最低人数为15人，中学阶段的少数民族学生最低人数为17人。[①] 但该政策的实施存在一个前提条件：在人口普查中，少数民族人口要占该地区总人口的15%。这与捷克相比，条件更为苛刻，仅有极少数地区能够满足这一条件。2010年，政府修订了《斯洛伐克国家语言》。该文件对少数民族语言教育也未得到足够的重视，全国专门设立的少数民族语言学校只有几所。保加利亚族、克罗地亚族等少数民族没有一所属于自己的民族语言学校。

在斯洛伐克，匈牙利族的民族教育发展较好。截至2013年9月15日，斯洛伐克境内用斯洛伐克语和匈牙利语同时授课的双语小学共有26所，专门使用匈牙利语授课的小学达237所。在全国公立学校使用匈牙利语授课的班级数量共有1979个班，学生人数达2.84万名。其中，1—4年级共有919个班，学生数量为1.36万名；5—9年级共有878个班，学生人数为1.48万名。采用匈牙利语进行教学的中学教师人数有1770人。截至2014年9月15日，斯洛伐克境内用斯洛伐克语和匈牙利语同时授课的双语中等职业学校有31所，专门以匈

---

① 何山华. 中东欧国家少数民族语言教育政策取向比较——以捷克、斯洛伐克和匈牙利为例[J]. 民族教育研究，2019（1）：138.

牙利语授课的中等职业学校有9所，共发行了81种用少数民族语言编写的教科书。^①

捷克政府对罗姆族的教育给予了一定的关注。2003年颁布的《国家教育管理和学校自治法》和2008年颁布的《抚养和教育法》等国家法案，保障了罗姆族儿童受教育的权利。

综上所述，独立后的斯洛伐克在民族政策上的改革并不成功，民族问题持续不断，严重影响到国家的稳定。政府对少数民族的教育问题也不够重视，一些少数民族教育未纳入国家的基本教育体系中。近年来，虽然斯洛伐克国内以匈牙利族为代表的少数民族需求在一定程度上得到满足，民族关系也有所缓和，但政府在实施相关政策时始终处于被动地位，态度也比较消极。

---

① Council of Europe. The Fourth Report on the Implementation of the European Charter for Regional or Minority Languages in the Slovak Republic[EB/OL]. [2020. 03. 22]. https: //rm. coe. int/CoERMPublicCommonSearchServices/DisplayDCTMContent?documentId=09000016806d815f: 25.

主要参考文献

一、中文文献

［1］金亚娜. 俄罗斯国情 [M]. 哈尔滨: 哈尔滨工业大学出版社, 2009.

［2］别尔嘉耶夫. 人的奴役与自由: 人格主义哲学的体认 [M]. 徐黎明, 译. 贵阳: 贵州人民出版社, 1994.

［3］列宁. 民族和殖民地问题提纲初稿 [M]. 北京: 人民教育出版社, 1953.

［4］列宁. 社会主义革命和民族自决权 [M]// 列宁全集: 第2卷. 北京: 人民出版社, 1995.

［5］列宁. 关于俄国社会民主工党纲领的文献 [M]// 列宁全集: 第6卷. 北京: 人民出版社, 1986.

［6］中共中央编译局. 斯大林文选 [M]. 北京: 人民出版社, 1963.

［7］伊凡·麦斯特连柯. 苏共各个时期的民族政策 [M]. 北京: 人民出版社, 1983.

［8］阮西湖. 苏联民族问题的历史与现状 [M]. 北京: 生活·读书·新知三联书店出版社, 1979.

[9] 赵常庆，陈联璧，刘庚岑，董晓阳. 苏联民族问题研究 [M]. 北京：社会科学文献出版社，2007.

[10] 青觉，栗献忠. 苏联民族政策的多维审视 [M]. 北京：中央民族大学出版社，2009.

[11] 中国社会科学院苏联东欧研究所，国家民族事务委员会政策研究所. 苏联民族问题文献选编 [M]. 北京：社会科学文献出版社，1987.

[12] 保罗·库比塞克. 乌克兰史 [M]. 颜震，译. 北京：大百科全书出版社，2009.

[13] 于沛，戴桂菊，李锐. 斯拉夫文明 [M]. 福州：福建教育出版社，2008.

[14] 孔寒冰. 东欧史 [M]. 上海：上海人民出版社，2010.

[15] 谢科夫，等. 保加利亚简史 [M]. 哈尔滨：黑龙江人民出版社，1974.

[16] 本·福斯特. 东欧共产主义的兴衰 [M]. 张金鉴，译. 北京：中央编译出版社，1998.

[17] 马克思，恩格斯. 马克思恩格斯全集：第29卷 [M]. 北京：人民出版社，1972.

[18] 国际条约集（1934—1944）[M]. 北京：世界知识出版社，1961.

[19] 张弘，陈春侠.乌克兰文化教育研究[M].北京：外语教学与研究出版社，2021.

[20] 郭建平.原苏联民族问题的评述与思考[J].东欧中亚研究，1993（2）.

[21] 郝时远.重读斯大林民族定义：读书笔记之三：苏联多民族国家模式中的国家与民族[J].世界民族，2003（6）.

[22] 陈联璧.俄罗斯民族关系理论和政策的变化[J].东欧中亚研究，1999（1）.

[23] 何俊芳.俄罗斯的土著小民族：人口、语言状况及国家法律支持[J]，世界民族，2008（4）.

[24] 阿依提拉·阿布都热依木.俄罗斯联邦的语言教育政策[J].民族教育研究，2016（1）

[25] 阿依提拉·阿布都热依木.民族政策推动下的俄罗斯民族教育发展及其政策特征[J].比较教育研究，2012（2）.

[26] 赵会荣.当前乌克兰政治基本特征与影响因素[J].俄罗斯学刊，2016（32）.

[27] 张弘.地缘政治对政治转型的影响：条件、方式和后果——以乌克兰为案例[J].俄罗斯学刊，2016（5）.

[28] 徐林实，等.俄乌冲突下的乌克兰经济[J].东北亚论坛，2017（1）.

[29] 徐林实，等.乌克兰社会经济发展现状对投资环境影响分析
[J].哈尔滨商业大学学报，2016（5）.

[30] 李珍珍.西方史学界对乌克兰革命（1917—1921）的研究[J].
俄罗斯东欧中亚研究，2015（2）.

[31] 李发元.论国家层面语言政策制定对国内民族团结和睦的影
响——以乌克兰为例[J].西南民族大学学报，2017（9）.

[32] 侯昌丽.试析乌克兰语言政策的去俄罗斯化[J].西伯利亚研
究，2012（3）.

[33] 王群生.白俄罗斯的语言政策和"国语"之争[J].世界语言生
活，1995（9）.

[34] 徐刚.从第一南斯拉夫的兴亡看南部斯拉夫人的合与分：写
在第一南斯拉夫建立100周年之际[J].俄罗斯东欧中亚研究，
2018（4）.

[35] 王换芳，熊坤新.南斯拉夫解体中的民族因素探析[J].民族
问题研究，2016（2）.

[36] 郝承敦，杨富运.苏联和南斯拉夫民族政策失误再比较[J].
广东民族学院学报，1998（1）.

[37] 杨健斌.南斯拉夫在民族政策上的失误及其启示[J].西安政
治学院学报，2000（1）.

[38] 谷亚红.南斯拉夫解体根源国内研究述评[J].俄罗斯中亚东

欧研究，2012（2）.

[39] 唐小松. 试论南斯拉夫种族冲突的深层原因[J]. 今日东欧中亚，2000（1）.

[40] 李靖宇，刘金龙. 南斯拉夫的科教文概况[J]. 今日苏联东欧，1988（5）.

[41] 赵彩燕. 保加利亚的政治转型与民族和解[J]. 当代世界社会主义问题，2016（1）.

[42] 郭洁. 近二十年波兰外交转型刍议[J]. 俄罗斯研究，2012（1）.

[43] 姬文刚. 波兰的经济转型及社会发展：阶段、成就与挑战[J]. 欧亚经济，2018（4）.

[44] 甘茨卡娅. O. A. 波兰国家政治中的少数民族问题（1945—1997年）[J]. 吴扎拉，译. 世界民族，2001（5）.

[45] 何山华. 中东欧国家少数民族语言教育政策取向比较 —— 以捷克、斯洛伐克和匈牙利为例[J]. 民族教育研究，2019（1）.

[46] 韦林圻. 转型以来俄罗斯联邦民族政策研究[D]. 南京：南京师范大学，2015.

[47] 卜继华. 俄罗斯的民族语言政策研究：由多元化向俄语化的发展[D]. 上海：上海外国语大学，2014.

[48] 王鹏辉. 乌克兰独立后的国家认同[D]. 上海：上海师范大学，2018.

[49] 中央机构编制网. 乌克兰国家概况[EB/OL]. [2020. 11. 25].
http：//www. scopsr. gov. cn/hdfw/sjjj/oz/201203/t20120326_
56261. html.

[50] 中华人民共和国外交部. 俄罗斯国家概况[EB/OL].[2020.10.01].
https://www.fmprc.gov.cn/web/gjhdq_676201/gj_676203/oz_
678770/1206_679110/1206x0_679112/.

[51] 中华人民共和国驻乌克兰大使馆.乌克兰概况[EB/OL]. [2020.
06.24]. https://www.fmprc.gov.cn/ce/ceukr/chn/zwgx/wklgg/
t1792065.htm.

[52] 中华人民共和国外交部. 白俄罗斯国家概况[EB/OL]. [2021.
08.01]. https://www.fmprc.gov.cn/web/gjhdq_676201/gj_
676203/oz_678770/1206_678892/1206x0_678894/.

[53] 中华人民共和国外交部. 保加利亚国家概况[EB/OL]. [2021.
07.01]. https://www.fmprc.gov.cn/web/gjhdq_676201/gj_
676203/oz_678770/1206_678916/1206x0_678918/.

[54] 中华人民共和国外交部. 塞尔维亚国家概况[EB/OL]. [2021.
07.01]. https://www.fmprc.gov.cn/web/gjhdq_676201/gj_
676203/oz_678770/1206_679642/1206x0_679644/.

[55] 中华人民共和国外交部. 波兰国家概况[EB/OL].[2021.07.01].
https://www.mfa.gov.cn/web/gjhdq_676201/gj_676203/oz_67

8770/1206_679012/1206x0_679014/.

[56] 中华人民共和国外交部. 捷克国家概况 [EB/OL].[2021.07.01]. http://new.fmprc.gov.cn/web/gjhdq_676201/gj_676203/oz_678770/1206_679282/1206x0_679284/.

[57] 中华人民共和国外交部. 斯洛伐克国家概况 [EB/OL]. [2021.07.01]. https://www.fmprc.gov.cn/web/gjhdq_676201/gj_676203/oz_678770/1206_679714/1206x0_679716/.

二、外文文献

[1] Charles Hoffman. The Gray Dawn：The Jews of Eastern Europe in the Post-Communist Era[M]. New York：Harper Collins Publishers，1992.

[2] World Bank. World Development Report 1996：From Plan to Market[M]. New York：Oxford University Press，1996.

[3] Никифоров К. В.（отв. ред.），Филимонова. А. И.，Шемяки-нидр. А. Л. Югославия в XX Веке：Очерки Политической Истории Режим Доступа[M]. Москва：Индрик，2011.

[4] Рычкова Л. В. Этноязыковая Ситуация в Республике Беларусь и ее Отражение в Системе Образования [J]. Вестник Российского Университета Дружбы Народов（Серия：Вопросы Образования：Языки и Специальность），2017（2）.

[5] Катунин Д. А. Болгарский Язык в Современном Законод-ательстве Республики Сербия [J]. Славянский Мир в Условиях Современных Вызовов, 2016（4）.

[6] Telegraf. by. Минэкономики: Двигателем Экономического Роста Являются Предприниматели.[EB/OL]. [2019. 10. 18]. https: //telegraf. by/2011/10/minekonomiki-dvigatelem-ekonomicheskogo-rosta-yavlyayutsya-predprinimateli.

[7] Council of Europe. The Fourth Report on the Implementation of the European Charter for Regional or Minority Languages in the Slovak Republic[EB/OL]. [2020. 03. 22]. https: //rm. coe. int/CoERMPublicCommonSearchServices/DisplayDCTMContent?documentId=09000016806d815f.

[8] Закон Украины "О Национальных Меньшинствах в Украине" от 25 Июня 1992 Года[EB/OL]. [2018. 12. 6]. https: //mova. org. ua/avt/prav/10-zakon-ukrainy-o-natsionalnykh-menshinstvakh. html.

[9] Википедия. Конституция Украины 1996 года[EB/OL]. [2018. 12.25]. https: //ru. wikisource. org/wiki/Конституция_Украины/Раздел_I.

[10] Левоневский В. С. Закон Республики Беларусь от 11 ноября

1992 г. №1926-XII "О Национальных Меньшинствах в Республике Беларусь" [EB/OL]. [2019. 02. 16]. http：//pravo. levonevsky. org/bazaby/zakon/zakb1368. htm.

[11] Консультант Плюс. Конституция Республики Беларусь 1994 Года [EB/OL]. [2019. 10. 15]. https：//gosatomnadzor. mchs. gov. by/upload/iblock/438/konstitutsiya. pdf.

[12] Левоневский В. С. Закон Республики Беларусь от 11 Ноября 1992 г. №1926-XII "О Национальных Меньшинствах в Республике Беларусь" [EB/OL]. [2019. 02. 15]. http：//pravo. levonevsky. org/bazaby/zakon/zakb1368. htm.

[13] Конституция Республики Болгарии (Обнародована в "Държавен Вестник")[EB/OL]. [2019. 08. 11]. http：//www. parliament. am/ library/sahmanadrutyunner/bulgaria. pdf.

[14] Международная Славянская Правовая Академия Правь. Конституция Республики Сербия[EB/OL]. [2019. 08. 12]. http：//mspa7520. ru/konstituciya-respubliki-serbiya.

[15] Крупская. Ю. В., Соколов. М. Н. Политика Польских Властейв Отношении Балорусского Населени в Составе Полъши (1921 — 1939 ГГ.) Вобласти Образование[EB/OL]. [2019. 08. 15]. https：//elib. bspu. by/bitstream/doc/4658/1/21. pdf.

[16] Studfiles. Образование в Период Строительства Социализма [EB/OL]. [2019. 08. 15]. https：//studfiles. net/preview/ 4410619/page：47/.

[17] Council of Europe. The Third Periodical Report on the Implementation of the Undertakings Arising from the European Charter for Regional or Minority Languages in the Czech Republic[EB/OL]. [2020. 03. 21]. https：//rm. coe. int/ CoERMPublicCommonSearchServices/DisplayDCTMContent?documentId=09000016806c8310.

[18] Правовая Библиотека Legalns. Конституция Словакии（Словацкой Республики）[EB/OL]. [2019. 08. 14]. https：//legalns. com/download/books/cons/slovakia. pdf.